UN MARIN UN VOILIER UNE COURSE

DE L'OSTAR AU VENDÉE GLOBE

Couverture
Martin Laignel

Direction artistique
Caroline Laleta Ballini / Studio So What Co., Ltd.

12, rue Mozart, 92110, Clichy
ISBN : 978-2-38058-519-3
Dépôt légal : septembre 2024

MÉLANIE KOMINEK

UN MARIN UN VOILIER UNE COURSE

DE L'OSTAR AU VENDÉE GLOBE

Casa éditions

Préface

C'est toujours avec une certaine émotion que l'on se replonge dans ses souvenirs en mer, cet horizon infini croisé au détour d'une banale balade à la plage et qui vous assaille soudain de mille images. Et ce frisson, celui d'avoir franchi ce cap lointain, tel un monde parallèle, d'où certains ne reviennent parfois jamais. Je découvrais la navigation hauturière lors d'un voyage en Nouvelle-Zélande, une petite annonce de bateau-stop et me voilà embarquée comme équipière dans le Pacifique Sud. Cette sensation de liberté au milieu de l'océan me rappelait alors le désert, immensité silencieuse et poétique, que j'avais découvert à Oman. Assise sur le pont sans aucune terre en vue, les mots d'Antoine de Saint-Exupéry résonnaient en moi : « J'ai toujours aimé le désert. On s'assoit sur une dune de sable. On ne voit rien. On n'entend rien. Et cependant, quelque chose rayonne en silence. » Une émotion brute dont l'intensité me replongeait aussi en pleine montagne. Lors de mes premiers quarts de nuit, je me lançais d'ailleurs dans la lecture de *Premiers 8000* de Maurice Herzog, blottie au fond de mon cockpit au milieu des cimes himalayennes. Mon aventure me paraissait bien dérisoire à côté de celles de ces alpinistes luttant contre les éléments, mais la force de ces hommes et leur vaillance me donnaient du courage. Je découvrais plus tard avec deux camarades l'exigence de l'océan Indien, traversé sans moteur, ni pilote automatique. Sans nul doute l'aventure la plus extrême de ma vie, jalonnée d'histoires de pirates, de vagues effroyables, de froid glacial, mais dont les contours bruts éveillèrent en moi un potentiel insoupçonné. Au prix d'un effort collectif et d'un optimisme inoxydable, la traversée nous laissa épuisés mais vivants à l'île Rodrigues, non loin de l'île Maurice. Mon capitaine, Alex Rust, nous quitta brutalement quelques années après cette traversée épique qui, à mes yeux, l'avait pourtant rendu immortel. Nous avions vécu une aventure si brutale et pourtant si extraordinaire à la fois qu'il était impossible pour moi de le voir disparaître. La mer nous avait tant appris malgré sa fureur. Et en nous laissant mieux la connaître, nous nous étions en réalité révélés à nous-mêmes. Même si je n'ai jamais pratiqué la course au large, les marins, et plus particulièrement les solitaires, m'ont toujours fascinée. L'écriture de ce livre fut à ce titre plus que passionnante, partager les accomplissements des derniers grands aventuriers de la planète est un réel privilège. Qu'est-ce qui pousse un marin à affronter l'inconnu pendant de longs mois ? Que cherche-t-il dans l'adversité ? Où puise-t-il la force de surmonter ses craintes dans ces mers hostiles et isolées ? Cette peur viscérale, presque infantile, quand les vagues semblent vouloir vous avaler et qu'une mauvaise manœuvre peut tout faire basculer. La mer se mérite, elle ne manque jamais de vous le rappeler. Mais en dépit de ses cassures, elle sait aussi vous ouvrir les bras et offrir une ode à la contemplation remarquable, faite de lumières spectrales, de couchers de soleil, de levers de lune et de milliers d'autres petits ravissements simples vécus comme une expérience quasi mystique. Un instant parfait de solitude, non pas de celui qui isole mais de celui qui libère. La mer m'a appris à contempler le plus beau des cadeaux : le temps. Place à ceux qui y ont inscrit leur nom à tout jamais.

Mélanie Kominek

Sommaire

ÉRIC TABARLY

PEN DUICK II • OSTAR (1964)

L'idole des houles

Père de la nation, voileux, athlète des océans, silence de la mer personnifié en un seul homme, Éric Tabarly débarque sur la planète mer en 1964 et déclenche une passion tricolore pour la course au large en remportant la 2e édition de la Transat anglaise en solitaire. En défiant les marins de Sa Majesté sur leur terrain, le Breton venge symboliquement l'humiliation de Trafalgar et écrit le premier chapitre de sa légende.

Pen Duick II, une légende surgie de l'océan

En 1964, le général de Gaulle commence à en avoir sa claque des Anglais. Dans sa volonté d'extraire la France de l'OTAN, il choisit Éric Tabarly comme bras pacifiquement armé pour démontrer sa puissance. Jeune enseigne de vaisseau de 1re classe à Lorient, le Breton de 32 ans possède toutes les aptitudes pour remporter ce pari national sous forme de bataille navale fantasmée : l'Ostar, toute nouvelle Transat anglaise. Longtemps considérée comme insensée du fait des périls océaniques, cette course s'est concrétisée en 1960 en Angleterre par le biais du journal *The Observer*. Dessein non avoué, rivaliser avec les Américains que les Anglais considèrent comme les seuls adversaires dignes de leur niveau. La course consiste à traverser tous les quatre ans l'Atlantique à la seule force du vent sur 3 400 milles en solitaire, d'est en ouest, sans escale et sans assistance. Pour triompher de ses quatorze adversaires, l'État français finance une partie du *Pen Duick II*, un monocoque très léger en contreplaqué conçu par Tabarly et long de 13,60 mètres. Mais les observateurs de l'époque restent sceptiques, un homme seul serait-il capable de mener un si grand voilier ? Le deux mâts regorgent d'aménagements astucieux dont la carte à table inclinable pour compenser l'effet du gîte ou la fameuse bulle d'observation en plexiglas, idée venue tout droit de l'expérience d'aviateur de Tabarly. D'ailleurs, le vainqueur de la première édition est aussi un ancien pilote, ce bon vieil Anglais de Francis Chichester présent sur la ligne de départ avec *Gipsy Moth III*. Archétype même du yachtman britannique, la casquette bleu marine et le flegme pour devise, c'est un marin coriace de deux fois son âge à bord d'un bateau deux fois plus lourd. Le 23 mai 1964, le colosse Tabarly prend un départ flamboyant et hisse, façon péplum, de son 1,67 m, un monstrueux spi d'ordinaire manié par trois hommes sous l'œil agacé de ses concurrents. Petit mais costaud le Frenchy ! Éric Tabarly s'enfuit en tête et distance immédiatement l'imperturbable Francis Chichester.

Naissance sportive d'un héros de la voile

Éric Tabarly trace sa route dans le silence de la mer qu'il affectionne tant et n'allume même pas sa radio. Autorisées cette année à bord, elles permettent aux skippers d'effectuer, s'ils le souhaitent, des rapports quotidiens pour le journal *The Observer*. Mais Tabarly n'est pas du genre bavard, le militaire préfère scruter l'horizon, surveiller ses voiles et chevaucher sa selle de Harley-Davidson pour s'installer devant sa table à cartes à cardans. Sept jours après le départ, son pilote automatique le lâche. Le marin doit sacrifier une partie de son sommeil pour contenir sa réparation de fortune. D'autres

À gauche : Juin 1964, Éric Tabarly est interviewé après son arrivée victorieuse lors de l'Ostar. Questionné sur son sentiment au moment de sa victoire, Tabarly avait répondu par une réplique typique de sa légendaire réserve : « Ah bah, j'étais content. »

En haut : Le *Pen Duick II* dans le port du Havre en juillet 1964.

Ci-dessus : Eric Tabarly à bord du *Pen Duick II* s'apprête à s'aligner dans la course transatlantique Ostar.

À droite : Éric Tabarly, premier Français à vaincre les Anglais sur l'eau, devient un héros national et suscite de nombreuses vocations de skippers.

En bas à gauche : La construction de *Pen Duick IV* est en cours.

En bas à droite : *Pen Duick II* et sa fameuse « bulle » en plexiglas pour surveiller ses voiles au sec, inspirée de l'expérience d'aviateur d'Éric Tabarly.

soucis émaillent sa traversée et, alors qu'il grimpe en tête de mât à 13 mètres du pont pour bricoler, les journaux anglais s'inquiètent : *Where is Tabarly?* Dans un accent frenchy à fendre l'écume, il va pouvoir y répondre rapidement car, tel un mirage, *Pen Duick II* perce la brume de Newport le matin du 18 juin 1964. Le vaisseau à la coque noire effilée et drapeau français à la poupe fait son entrée triomphale aux États-Unis après 27 jours, 3 heures et 56 minutes de traversée. Le record de 40 jours de Chichester est explosé, le Britannique ne l'apprendra que deux jours plus tard lors de son arrivée… Le jeune officier de la marine vient de faire boire la tasse aux Anglais, c'est comme si, à lui tout seul, sa victoire effaçait la honte de Trafalgar, les heures noires de Mers el-Kébir et à la France de redécouvrir son rang de grande nation maritime. *Sorry good game!* Tabarly signe ainsi l'acte de naissance officielle de la voile dans l'Hexagone et devient un phénomène médiatique inouï. Chose rare pour un sportif de l'époque, l'Élysée annonce aussitôt qu'il est fait chevalier de la Légion d'honneur par le général de Gaulle, l'autre grande figure d'un autre 18 juin. L'exploit fait la Une des journaux pendant des semaines, de quoi surprendre le marin au tempérament discret dépassé par sa toute nouvelle notoriété. Mais la France est tombée sous le charme du marin breton au triomphe modeste, au sourire timide et à la simplicité désarmante. Tabarly, c'est la France !

Créateur du multicoque

Pas ingénieur, mais tout à fait ingénieux, les exploits du marin seront à jamais associés à une lignée de bateaux mythiques, les Pen Duick. En créant une véritable dynastie navale, le marin va accumuler records, victoires et trophées et mettre ces innovations au service de ses bateaux successifs. L'histoire s'est d'abord écrite avec *Pen Duick*, premier du nom, cotre aurique ayant appartenu à son père avec lequel il apprendra à naviguer. Vient ensuite *Pen Duick II*, bateau entièrement conçu en contreplaqué et beaucoup plus léger que les voiliers de l'époque avec lequel il remporte la Transat 1964. La goélette *Pen Duick III* suit le même chemin avec sa coque en aluminium et sa quille profilée, il sera de toutes les victoires. Révolutionnaire, *Pen Duick IV* est le premier véritable grand trimaran de course paré d'un mât-aile rotatif et de flotteurs longs. Avec *Pen Duick V*, Éric Tabarly relie San Francisco à Tokyo sur un monocoque de 10,70 mètres à ballasts, précurseur des monocoques courant le Vendée Globe. L'Ostar sonne à nouveau l'heure de gloire pour Tabarly en 1976 à bord de *Pen Duick VI*, dernier de la série, maxi sur lequel il développe sa chaussette de spi qui permet de lancer la manœuvre en solo sur un ketch prévu pour 12 marins ! L'idée de voler sur l'eau n'appartient pas aux bateaux du XXIe siècle, Éric Tabarly l'avait aussi caressée en imaginant le premier voilier à foil en 1979, *Paul Ricard*, qui témoigne encore une fois de son génie visionnaire. Durant toutes ces années, l'ancien commando de marine n'aura cessé d'être précurseur en matière de construction de bateaux et ses succès seront à l'origine d'une véritable école de course au large. Et lorsqu'une nuit de juin 1998, en mer d'Irlande, Tabarly disparaît à bord du premier *Pen Duick*, c'est tout un pays qui pleure son vieux loup de mer, celui qui aura rendu à la France sa passion de la mer, un modeste coureur d'océans devenu la figure de proue des navigateurs français, celui qu'Olivier de Kersauson appelait affectueusement « l'idole des houles ». Ainsi passent les gloires de ce monde.

FRANCIS CHICHESTER

GIPSY MOTH IV • LE TOUR DU MONDE PAR LES TROIS CAPS (1966)

Le marin d'un autre temps

Véritable self-made-man, ce pilote d'avion passionné enchaîna les métiers tout au long de sa vie avant d'accomplir en 1966 un tour de force : le record du tour du monde en solitaire en 226 jours sur un bateau de plaisance, *Gipsy Moth IV*, à l'âge de 66 ans.

Un aviateur surnommé « le fou volant »

Sa vie est digne d'un film. Né en 1901, Francis Chichester vit une enfance pauvre en Angleterre et part pour la Nouvelle-Zélande à l'âge de 18 ans. Avec seulement quelques livres en poche, il fait fortune comme exploitant forestier, après avoir été ouvrier agricole, mineur et chercheur d'or. En 1929, Chichester, qui n'avait pas vu sa famille depuis dix ans, décide de revenir en Angleterre et passe son brevet de pilote. Il s'achète la même année un avion qu'il baptise *Gipsy Moth* (nom d'un papillon nocturne en anglais) et parcourt l'Angleterre par tous les temps, de jour comme de nuit. Trois mois après, le jeune pilote confiant décide de retourner en Australie, seul dans son biplan, aussi vite que possible. Il veut déjà battre le record sur ce parcours établi l'année précédente. Chichester s'envole avec une boussole dans un petit avion rudimentaire pour parcourir la moitié du globe sans éclairage ni radio et sans système d'aide à la navigation. L'aventurier doit alors appliquer à son avion les principes de base de la navigation maritime grâce à l'utilisation d'un sextant et de l'astronavigation. Le record lui échappe en raison de problèmes mécaniques mais il parvient à boucler son vol de 20 361 km en 41 jours. Outre sa personnalité téméraire, l'Anglais devait, gageons-le, avoir un peu de magnétite dans le sang. Son périple, presque banal dans son récit *Solo to Sydney* (1930), est pourtant un exploit. Après un tour du monde avorté, Chichester sert en Grande-Bretagne pendant la Seconde Guerre mondiale en formant de jeunes pilotes. Au lendemain des hostilités, il rachète 15 000 cartes au ministère des Armées et met sur pied, à Londres, sa propre entreprise d'édition de cartographie. Mais l'aventurier cherche un nouveau terrain de jeu.

À gauche : En mai 1967, Francis Chichester réalise à 66 ans son rêve de boucler le tour du monde sur un bateau baptisé *Gipsy Moth IV*, en souvenir de ses exploits aériens. Peu après, il est anobli.

En haut : Chichester a peut-être vu un peu grand et l'admet « *Gipsy Moth IV* réclame un équipage de trois êtres ayant le cerveau d'un homme, l'agilité d'un singe et la force d'un éléphant ».

Ci-dessus : En 1930, l'aviateur Francis Chichester relie l'Australie de l'Angleterre après un vol de 20 360 km réalisé en 180 heures. Un exploit pour l'époque.

À plus de 50 ans, il découvre la voile

Après sa passion pour le vol, Chichester dirige son esprit de compétition vers la voile. Sauf que paradoxalement, à plus de cinquante ans, celui qui deviendra le plus grand marin de sa génération n'a encore jamais mis les pieds sur un bateau. Il achète son premier voilier qu'il baptise *Gipsy Moth II* en souvenir de ses premiers exploits aériens. À ce moment-là, l'officier britannique et yachtman anglais Blondie Hasler lance l'idée folle d'une course transatlantique d'est en ouest en solitaire. À l'époque, les navigations en solitaire relèvent plus de l'aventure trompe-la-mort que de la performance sportive. Elle exige force physique et morale où se conjuguent le froid, la fatigue et l'isolement au milieu d'une nature périlleuse, auquel on ajoute ici l'idée d'une course. C'est inédit ! Malgré tout, cinq hommes répondent à l'appel de l'aventure dont Francis Chichester. En 1960,

Francis Chichester a marqué de son empreinte l'histoire de la voile en réalisant en 1966-1967 un tour du monde en solitaire.

142

Ci-dessus : Francis Chichester sur son ketch *Gipsy Moth IV* à Londres, où il s'approvisionne pour sa tentative de tour du monde en solitaire, le 12 août 1966. Il est devenu la première personne à le faire en empruntant la route des clippers.

À droite : *Gipsy Moth IV* a été configuré pour affronter ce tour du monde en solitaire.

En bas à gauche : Le 28 mai 1967, Francis Chichester arrive dans la baie de Plymouth sur *Gipsy Moth IV* après avoir bouclé un tour du monde par les trois caps à la voile en solitaire.

En bas à droite : Francis Chichester et les cartes de son tour du monde après son arrivée en Angleterre.

il remporte à 60 ans la première Ostar, Transat anglaise en solitaire, sur *Gipsy Moth III* de 11,90 mètres de long. Il rejoint Newport en 40 jours, 12 heures et 30 minutes. En 1964, il sera détrôné par un Français deux fois plus jeune, un certain Éric Tabarly, ancien aviateur comme lui. Âgé de 32 ans sur *Pen Duick II*, l'étoile montante de la course au large devance Chichester de deux jours sur son voilier de 14 mètres. Un peu dépité, le vieux lion n'a pourtant rien perdu de sa combativité. Derrière ses lunettes d'acier, son œil pétille. Il a un nouveau projet grandiose en tête.

Le vieil homme et la mer

Il ne lui restait plus qu'un dernier défi de taille : boucler le tour du monde en solitaire. En 1967, c'est un homme déterminé et âgé de 65 ans qui décide de partir vers l'inconnu. Avant lui, peu ont relevé le défi. Joshua Slocum fut le premier, un Britannique épris d'aventures qui boucla son périple en 1898 après trois ans d'escales, naviguant par le dangereux détroit de Magellan et le cap de Bonne-Espérance. D'autres aventuriers se lancent dans des circumnavigations de plusieurs années, comme Harry Pidgeon en 1921 ou le Français Alain Gerbault en 1926, mais les marins passent par le Panama et ne franchissent que le cap de Bonne-Espérance. Enfin, l'Argentin Vito Dumas, en 1943, est le premier solitaire à franchir les trois caps en suivant le périlleux sillage des anciennes routes commerciales au niveau des quarantièmes rugissants. Mais il ne remonte pas ni ne descend l'Atlantique, son départ s'effectue de Montevideo. Francis Chichester veut précisément suivre cette route et battre le record de l'Argentin établi à 272 jours, l'Atlantique en plus. Un tour du monde complet en passant par les trois caps et par tous les océans, voilà son projet. Et à cette époque, pas de radar ni de GPS ou de téléphone satellite. N'importe quel marin doit maîtriser la navigation astronomique qui se compose essentiellement d'un sextant et d'une montre. En cas de gros pépins, le vieil homme se rappelle des mots de Blondie Hasler, organisateur de la Transat anglaise : « Celui qui prendra le départ ne devra compter sur aucune assistance extérieure et devra savoir couler en gentleman ». Chichester choisit de faire construire un ketch à coque de bois de 16 m et de 10 tonnes, *Gipsy Moth IV*. Avec son petit côté papi aventurier, l'expédition de l'Anglais est très vite galvanisée par la couverture exclusive du journal *The Sunday Times*. Si les premiers essais du bateau sont décevants – pas assez stable, trop raide, mal équipé, le voilà qui fulmine ! – Francis Chichester prend le départ comme convenu le 27 août 1966. Pourtant, *Gipsy Moth IV* dégage sans conteste allure et puissance alors qu'il disparaît à l'horizon.

Un tour du monde par les trois caps

Francis Chichester est parti chercher un exploit à l'autre bout du monde, mais avec l'art et la manière ! Le 17 septembre, alors que son périple ne fait que commencer, l'homme célèbre tranquillement en solitaire son 65e anniversaire au beau milieu de l'Atlantique en tenue de smoking et au champagne. Avec son flegme habituel, le yachtman britannique interrompt la fête quand un grain couche le bateau. *Bloody sea !* Deux mois plus tard, le voilà qui s'attaque aux quarantièmes rugissants. Dans ces horizons isolés, la mer peut détruire le moral d'un marin tant les conditions peuvent être brutales, mais Chichester se dépasse physiquement et moralement. Un appétit d'aventure aussi puissant qu'un vent des mers du Sud l'emmène vers son exploit et de coups durs en coups de vent, le voilà qui fait une entrée triomphale à Plymouth après 226 jours en mer, 274 jours en comptant l'escale à Sydney. Le marin passe sans transition de l'isolement de son cockpit à la clameur d'un demi-million de personnes. En bouclant l'une des aventures les plus extraordinaires de la navigation pour l'époque, un tour du monde en solitaire en voilier, Sir Francis Chichester bat plusieurs records : rapidité, distance sans escale, dimensions du voilier et âge du capitaine : 66 ans ! Cette aventure folle lui vaut d'être fait chevalier commandeur de l'ordre de l'Empire britannique en 1967. Pour anoblir Sir Francis, la reine Elizabeth II utilise une épée ayant appartenu à un autre sir Francis, le corsaire Francis Drake qui fut le premier Anglais à accomplir un tour du monde entre 1577 et 1580. Il meurt en 1972 à l'âge de 71 ans, ouvrant ainsi la voie à toute une nouvelle génération de marins attirée par la performance sportive. C'est ainsi qu'une nouvelle ère débute, celle des premières compétitions nautiques. En mars 1968, la Sunday Times Golden Globe Race était annoncée, un tour du monde en solitaire et sans escale. Un seul marin en reviendra (chapitre 3 p. 23).

BERNARD MOITESSIER

JOSHUA • GOLDEN GLOBE CHALLENGE (1968-1969)

La liberté avant tout

En 1968, neuf aventuriers prennent le départ de la première course à voile en solitaire autour du monde sans escale, le Golden Globe Challenge. Après 313 jours en mer, un seul marin de 29 ans réapparaît, Robin Knox-Johnston. Naufrages, abandons et suicide, ce défi va bouleverser l'histoire de la course au large. Parmi eux, le navigateur Bernard Moitessier choisit de délaisser les honneurs de la victoire pour « sauver son âme ».

Une première mondiale

En 1966, le navigateur britannique Francis Chichester devient l'homme le plus rapide autour du monde à la voile en 226 jours. Grâce à la couverture exclusive de son périple assurée par le journal *The Sunday Times*, le succès est au rendez-vous. Le marin est accueilli en héros national et nommé chevalier par la reine Elizabeth II. Galvanisé par son nouveau best-seller, le journal veut marcher sur les plates-bandes du journal *The Observer* à l'origine de la Transat anglaise, l'Ostar. Dans la meilleure tradition des quotidiens britanniques, il lance le défi du Golden Globe Challenge en 1968 : le premier marin qui aura passé les trois caps en solitaire et sans escale recevra pour récompense un globe en or, le plus rapide touchera 5 000 livres sterling. La somme est phénoménale pour l'époque, 100 000 € ! Les règles sont simples : prendre le départ entre le 1er juin et le 31 octobre, partir de n'importe quel port situé au nord du 40e parallèle, faire le tour du globe par les trois caps – Bonne-Espérance, cap Leeuwin et le cap Horn – et revenir dans ce même port, le tout sans escale ni assistance et avec le voilier de son choix. Plus aventuriers que régatiers, neuf participants s'alignent au départ de ce défi à peine toléré par les autorités. Parmi eux, deux Français, dont un certain Bernard Moitessier.

À gauche : Bernard Moitessier à bord de son voilier *Joshua*, le 10 mars 1969.

En haut : Après avoir refusé de passer la ligne d'arrivée du Golden Globe Challenge en 1968, Bernard Moitessier passe dix mois en mer à bord de son voilier *Joshua* avant d'atteindre Tahiti. C'est la plus longue navigation jamais enregistrée par un seul homme sans escale.

Vagabond des mers

Né en 1925, en Indochine, Bernard Moitessier apprend à naviguer avec les pêcheurs du golfe de Siam et finit par traficoter de la crevette séchée comme capitaine de jonque – ça ne s'invente pas – avant d'être emprisonné par les Japonais en 1940. Après avoir échappé à la mort de justesse, il largue les amarres sur *Marie-Thérèse*, une jonque avec laquelle il navigue jusqu'en Atlantique avant de faire naufrage. Sans un sou en poche, il rentre en France et publie son récit initiatique, *Vagabond des mers du Sud*. Grâce au succès de son livre, il se construit un robuste ketch en acier de 12 mètres pesant 13 tonnes et le baptise *Joshua* en hommage à Joshua Slocum, premier marin à avoir effectué un tour du monde en solitaire entre 1895 et 1898. Il s'installe à Toulon avec sa femme où les Anglais tentent de le persuader de participer à la première édition du Golden Globe Challenge. Bernard Moitessier n'est pas très emballé, il n'a pas vraiment l'esprit de compétition. Le marin vient de boucler un tour du monde avec sa femme Françoise, dont une très longue navigation de 14 000 milles sans escale entre Tahiti et l'Espagne. Le futur Kerouac des marins en a tiré un livre, *Cap Horn à la voile*. Second succès commercial. Mais l'estimant bâclé, le navigateur-poète veut à tout prix se remettre à écrire en mer. Il répond finalement aux sirènes de cette nouvelle aventure maritime. Également appâté par le prix de 5 000 livres sterling qui lui permettrait de se racheter de nouvelles voiles, le marin quitte Plymouth le 22 août 1968.

IOSHUA

Joshua, aujourd'hui classé monument historique, se visite au musée maritime de La Rochelle.

Ci-dessus : Coque de 12 mètres, carène pointue, mâts taillés dans de vieux poteaux télégraphiques, *Joshua* est un petit bateau de caractère.

En haut à droite : Le ketch de Robin Knox-Johnston affronte une dernière tempête au large de Falmouth juste avant son arrivée victorieuse.

Au milieu à droite : Robin Knox-Johnston remporte le Golden Globe Challenge après 313 jours de navigation.

En bas à droite : Donald Crowhurst et son voilier, le *Teignmouth Electron*, avant le départ. Le skipper tentera de mystifier les organisateurs de la course en donnant de fausses positions. Sombrant dans la folie, il écrira : « C'est fini, c'est fini. C'est la fin de mon jeu. La vérité a éclaté. », avant de disparaître en mer.

En bas : Le ketch navigue toute l'année et participe à de nombreux événements depuis le musée maritime de La Rochelle, son nouveau port d'attache.

La longue route

En 1968, il n'y a pas de GPS et les marins naviguent à l'ancienne. Bernard Moitessier du genre ascétique embarque le minimum dont un compas, une montre, un sextant et quelques cartes, mais refuse d'embarquer une radio à bord, pourtant gracieusement offert par le *Sunday Times*, pour communiquer. Prétextant son poids, il préfère en réalité « préserver sa paix intérieure », mais acceptera cependant l'appareil photo étanche, le magnétophone et un petit transistor. Dès le départ, *Joshua* file vite, très vite. Moitessier n'a peut-être pas l'esprit de compétition, mais il avale entre 150 et 160 milles par jour. Le marin bouquine parfois à l'ombre de la grande voile, Saint-Exupéry ou Steinbeck, et tient son journal de bord où il « vit » le paysage plus qu'il ne le contemple : « Je sens passer dans tout mon être ce souffle de haute mer qu'on n'oublie jamais plus après qu'on l'a goûté. Quelle paix ici, au grand large ! » Deux mois après son départ, il passe le cap de Bonne-Espérance et aperçoit ses premiers albatros, signe qu'il s'apprête à rentrer dans les mers du sud. Dans les quarantièmes rugissants, il pratique le yoga pour se redonner de l'énergie et deux mois plus tard, le voilà qui franchit le cap Leeuwin, au large de l'Australie. Il dit alors ne faire qu'un avec son voilier rouge. Vers le quatrième mois, le marin se met à douter de l'intérêt de cette course, mais continue sa route à bonne allure. Le 5 février 1969, *Joshua* passe le cap Horn, il lui reste alors 10 000 milles jusqu'à Plymouth. Bernard Moitessier ne le sait pas encore, mais ils ne sont plus que quatre en lice et le marin est en tête. Mais au milieu de l'Atlantique Sud, sa décision est prise, il abandonne la course. « Je continue sans escale vers les îles du Pacifique parce que je suis heureux en mer, et peut-être aussi pour sauver mon âme. » Ce message énigmatique, tendance hippie des mers, sera repris par la presse entière. Bernard Moitessier tourne le dos à la célébrité pour entamer un second tour du globe. Il refranchit le cap de Bonne-Espérance et le cap Leeuwin pour atteindre Tahiti le 21 juin 1969. Dix mois de mer en solitaire, 37 455 milles de parcourus, soit 70 000 km parcourus à la voile sans escale : personne n'avait jamais encore accompli une si longue navigation en solitaire et personne ne l'a jamais refait depuis. Il publiera plus tard son journal de bord baptisé *La longue route*, un récit fondateur devenu culte qui incarne, par son éloge de la lenteur, une tout autre époque.

Le large à la folie

Le 12 avril 1969, après 313 jours en mer, un marin réapparaît. Le Britannique Robin Knox-Johnston franchit la ligne d'arrivée à l'âge de 29 ans à bord de *Suhaili*, le plus petit bateau de la flotte jugé alors suicidaire, 9,75 mètres ! Des neuf participants, il est pourtant le seul à revenir. Les autres coulèrent, abandonnèrent ou se suicidèrent. Bernard Moitessier choisit de ne pas couper la ligne d'arrivée pour continuer sa « longue route ». Nigel Tetley, sur son multicoque, coule quelques jours avant son arrivée alors qu'il s'apprêtait à terminer deuxième et devenir le premier homme à boucler un tour du monde sur un trimaran. Il y a aussi l'incroyable et fascinante duperie de Donald Crowhurst, un passionné de voile engagé dans la course mais amateur total. Dépassé par une course au-delà de ses compétences, acculé par ses créanciers et terni de honte, cet ingénieur en informatique de 36 ans sombre dans la folie et s'invente une route idéale qui le place en excellente position alors qu'il tourne en rond dans l'océan Atlantique. Quand il apprend que Nigel Tetley a coulé en évitant de se faire doubler, dupé par sa fausse position, il finit par se jeter par-dessus bord. Son trimaran fut retrouvé à la dérive et ses journaux de bord révélèrent la supercherie. Le vainqueur, Robin Knox-Johnston, fera don de sa bourse de 5 000 livres sterling à la famille endeuillée du marin et la Golden Globe Challenge ne connaîtra pas de seconde édition. En 1982, Robin Knox-Johnston organise le BOC Challenge, nouvelle course autour du monde en solitaire. L'esprit du Golden Globe renaît en 1989 en France sous le nom de Vendée Globe. Pour fêter les 50 ans de la course, le défi est relancé en 2018 façon vintage, sans électronique à bord et à la faveur des vents et d'un simple sextant, sous le nom de Golden Globe Race. La course a désormais lieu tous les quatre ans et reste l'épreuve sportive la plus longue au monde.

MIKE BIRCH

OLYMPUS PHOTO • ROUTE DU RHUM (1978)

Le cow-boy des mers

Mike Birch, tour à tour garçon vacher, extracteur de pétrole dans le Grand Nord, mécanicien en Angleterre et pionnier des traversées hauturières, entre dans la légende de la voile en gagnant à 47 ans la première édition de la Route du Rhum en 1978. Avec son petit trimaran jaune, sa victoire démontre la supériorité d'un multicoque et fait entrer de plain-pied leur classe dans l'histoire de la course au large.

Du rodéo à la voile

D'origine canadienne, Mike Birch est né le 1er novembre 1931 à Vancouver, la même année qu'un certain Éric Tabarly. Cet ancien cow-boy, adepte de rodéos, découvre une annonce pour convoyer un bateau, elle deviendra son école de voile. Il commence tard la course au large, en 1976 à l'âge de 44 ans, et prend le départ de la Transat anglaise, dite Ostar, à bord d'un petit trimaran de moins de 10 mètres, le *Third-Turtle*. À la barre de ce multicoque de 9,75 mètres, Mike Birch décroche alors la deuxième place derrière Éric Tabarly à la barre de son monocoque de 22 mètres, *Pen Duick VI*. Mike Birch monte sur la deuxième marche du podium dans l'indifférence générale en France, seule la victoire du « Sphinx breton » est clamée par la foule.

À gauche : L'Anglais de 47 ans, qui ressemble plus à un Giscard d'Estaing mal peigné qu'à un Mike Horn, a peu d'expérience et des ambitions modestes lors de la première édition de la Route du Rhum en 1978.

En haut : Birch et *Olympus* à Saint-Malo en 1978.

Une victoire historique à la Route du Rhum

En 1978, cela fait six ans que Mike Birch embrasse à mi-temps sa nouvelle carrière de coureur d'océans, bien qu'à l'époque on ne parle pas encore de coureur au large, mais de « navigateur aventurier ». L'Anglais de 47 ans lui, qui ressemble plus à Giscard d'Estaing mal peigné que Mike Horn, a peu d'expérience et des ambitions modestes face aux stars de la course, les Français Michel Malinovsky et Alain Colas. Mais le Canadien a un atout de taille sur la ligne de départ à Saint-Malo : un trimaran minuscule de 11,50 mètres, un Olympus jaune, allégé au maximum avec très peu de provisions et seulement 25 litres d'eau. Pendant la course, le monocoque flambant neuf de 21 mètres de Malinovsky, alors en tête de la course, subit une panne en arrivant près de la ligne d'arrivée, au large de la Guadeloupe. Le Canadien réalise alors qu'il a une chance de gagner et donne tout dans les dernières minutes. Michel Malinovsky, à la barre de l'immense Kriter V de 21 mètres, est doublé dans les derniers 400 mètres par le petit trimaran jaune. Le Français n'en croit pas ses yeux. Après un retournement de

Ci-dessus : Mike Birch, accueilli le 28 novembre 1978 à Pointe-à-Pitre par le ministre des Sports Jean-Pierre Soisson, lors de l'arrivée de la première Route du Rhum.

À droite : Mike Birch est, cette fois, à la barre de *Fujicolor* lors de la course La Baule-Dakar en 1991.

En bas : Le skipper Mike Birch, au départ pour la « Route du Rhum », à Saint-Malo, le 31 octobre 1978. Dessiné par l'architecte américain Walter Greene, *Olympus* fut le premier de la série des Acapella, série de cinq trimarans construits entre 1978 et 1982.

situation inouï, le Canadien fait une arrivée spectaculaire en coiffant sur le fil Malinovski avec seulement 98 secondes d'avance. C'est ce minuscule écart qui permet à Mike Birch de l'emporter et de rentrer dans la légende de la Route du Rhum en 23 jours, 6 heures et 56 minutes de course. C'est la première fois qu'un multicoque l'emporte sur un monocoque dans une course transatlantique. C'est la victoire de David contre Goliath, une réussite en forme de passation de pouvoirs qui va marquer un tournant décisif dans les courses au large et offrir une pérennité aux multis, plus rapides mais moins fiables que les monocoques. Alain Colas quant à lui n'arrivera jamais jusqu'en Guadeloupe, il disparaît mystérieusement dans une tempête au large du Portugal sans que l'on retrouve la moindre trace de son trimaran Manureva.

Un palmarès ininterrompu

Mike Birch continue alors une longue carrière de compétiteur et s'impose comme l'un des rares étrangers à détrôner les Français au sacre de champion du monde de course au large en 1991 et 1992. Depuis sa victoire en 1978, il reste fidèle à la course qui le rendit célèbre et participe à chaque édition de la Route du Rhum jusqu'en 2002 : 1982 (3ᵉ), 1986 (4ᵉ), 1990 (4ᵉ), 1994 (abandon), 1998 (11ᵉ sur un 50 pieds), 2002 (9ᵉ sur un monocoque de 18 mètres). Sa septième participation à l'âge très honorable de 71 ans sera la dernière. En 2007, il termine 16ᵉ de sa classe lors de la Transat Jacques-Vabre, son ultime course. Mike Birch aura en tout traversé l'Atlantique en bateau soixante à quatre-vingts fois, il ne comptait plus, et suivait de loin l'actualité de la voile, tel un vieux sage. Timide et d'une grande modestie, il s'étonnait toujours qu'on se souvienne de lui. Loïck Peyron, ami et coéquipier de Mike Birch, confiera un jour sur celui qu'il aimait appeler son « maître Jedi » : « Mike était surpris d'avoir fait toute une carrière sur une seule grande victoire. Il disait c'est un peu comme si les Rolling Stones n'avaient fait qu'un seul tube ». Si Éric Tabarly était un chêne, pour lui Mike Birch incarnait plutôt l'école de la souplesse et du roseau. Celui qui disait avoir eu « mille vies » s'est éteint à l'âge de 90 ans chez lui en 2022, dans sa maison du Morbihan.

ALAIN COLAS

MANUREVA, ROUTE DU RHUM (1978)

Le dernier voyage de Manureva

Alain Colas, élève puis rival d'Éric Tabarly, rachète l'ex-*Pen Duick IV* à son mentor et s'impose comme l'un des meilleurs coureurs au large de sa génération. Chouchou des médias, le marin disparaît brutalement en 1978 lors de la première édition de la Route du Rhum à bord de son trimaran. Les raisons de sa disparition n'ont jamais été expliquées. Que s'est-il passé à bord de *Manureva* ?

Les années Tabarly

Un gars de la Nièvre, marin ? C'est peut-être ce qu'a dû penser Éric Tabarly en rencontrant Alain Colas en Australie en 1967. Le marin de 36 ans vient de remporter la course Sydney-Hobart à bord du *Pen Duick III* et Alain Colas s'amuse à enseigner le français à l'Université de Sydney quand il ne tire pas des bords dans la baie. Tabarly lui propose un poste de cuisinier, Alain Colas quitte tout pour l'accompagner. Olivier de Kersauson qui fait partie de l'équipage, un peu du genre taiseux et bourru, voit en lui « Morvandiau flottant » à l'allure de jeune premier. Avec le temps, Alain Colas passe du statut de cuisinier à celui d'équipier et caresse le rêve de racheter *Pen Duick IV*, l'un des premiers multicoques de l'ère moderne imaginés par Tabarly pour battre des records de vitesse. Suite à un redressement fiscal, le navigateur est contraint de mettre son bateau en vente. Alain Colas se jette sur l'occasion et s'endette pour acheter le trimaran futuriste de 20,50 m de long et de 10,60 m de large. Il se place en gagnant potentiel pour la Transat anglaise de 1972. Si son assurance et son culot irritent, l'histoire va lui donner raison. Quatre ans après Tabarly, Alain Colas inscrit son nom au palmarès de la reine des courses en solitaire en pulvérisant le record de la traversée en 20 jours, 13 heures et 15 minutes. C'est 5 jours de moins que le précédent record et 7 jours de mieux que le dernier chrono de Tabarly. L'élève a ainsi dépassé le maître. C'est aussi la première fois qu'un multicoque remporte la course. L'exploit de Colas lui vaut le respect de ses pairs et le statut d'icône moderne. Les journalistes raffolent de son charisme et de sa gouaille qui tranchent fortement avec le cliché du marin taiseux et à l'ancienne si bien incarné par Éric Tabarly. Devant les caméras de télévision, le Breton reste la bouche pincée et les bras croisés mais son agacement est palpable. Si la bataille navale entre les deux marins ne fait que commencer, Alain Colas, lui, surfe sur ce succès. Il ose tout, même se laisser pousser ses célèbres rouflaquettes.

Un marin visionnaire

Le 8 septembre 1973, Alain Colas quitte Saint-Malo pour réaliser le premier tour du monde en solitaire sur un multicoque, un pari fou. Rebaptisé *Manureva*, « oiseau de voyage » en tahitien, l'ex-*Pen Duick IV* coupe définitivement le cordon avec son ancien mentor. Chouchou des médias, le marin entrevoit le tremplin financier auquel il peut prétendre grâce à son exploit et sa notoriété, notamment auprès d'éventuels sponsors, encore inexistants à l'époque. Tour à tour journaliste, réalisateur, photographe, le marin se met en scène pendant toute son aventure et vend ses textes et ses images à des magazines du monde entier pour rembourser son énorme dette. Si Tabarly a fait connaître la voile aux Français, Alain Colas va la populariser. Après 169 jours en mer, il pointe le bout de son étrave dans la cité corsaire de Saint-Malo et devient le solitaire le plus rapide de tous les temps autour du monde et le premier homme à avoir bouclé un tel périple en multicoques. Un exploit sans précédent

À gauche : Le 29 mars 1974, Alain Colas boucle à Saint-Malo le premier tour du monde en solitaire.

En haut : Le 5 novembre 1978, *Manureva* s'apprête à prendre le départ de la première Route du Rhum.

En haut : Alain Colas arrive à Saint-Malo après son tour du monde le 28 mars 1974.

Ci-dessus : Alain Colas et sa fiancée Téura Krauze à Saint-Malo après le tour du monde du navigateur à bord de *Manureva* le 28 mars 1974.

À droite : Alain Colas à bord de son trimaran *Manureva* avant le départ de la Route du Rhum.

En bas : Alain Colas arrive à Saint-Malo après son tour du monde le 28 mars 1974.

pour l'époque ponctué par une escale en Australie. Fasciné par les clippers, les bateaux à voile du XIXe assurant le commerce autour du monde, le marin se lance dans la construction de Club Méditerranée, un quadruple mât de 72 mètres bourré de technologies. Victime d'un grave accident sur son maxi bateau, il manque de perdre son pied, mais, galvanisé par le scepticisme ambiant, il prend tout de même le départ de la Transat anglaise en 1976. Au grand dépit d'Alain Colas, Éric Tabarly gagne la course sur *Pen Duick VI* avec 7 heures d'avance. De leur côté, c'en est trop pour les Anglais qui, lors des cinq premières éditions organisées entre 1960 et 1976, ont perdu par trois fois face à des Français. *Shocking!* Les Anglais décident alors de limiter la jauge des bateaux et le nombre de concurrents. Qu'à cela ne tienne, les Français lancent La Route du Rhum, première course transatlantique en solitaire, sans limite de taille pour les bateaux. Contre l'avis de ses proches, Alain Colas prend le départ de cette première édition en 1978. Il tient à prendre sa revanche à la barre de *Manureva*.

Une disparition mystérieuse

Le 16 novembre 1978, les 36 concurrents de cette nouvelle transat en solitaire à la voile ont pris la mer 11 jours plus tôt à Saint-Malo. Ils doivent rallier Pointe-à-Pitre le plus rapidement possible. Faute d'avoir trouvé à temps les financements nécessaires à sa participation, Éric Tabarly est ironiquement le grand absent de cette première édition. Alain Colas, lui, est un homme criblé de dettes et après 10 ans de bons et loyaux services, *Manureva* n'est pas en très bon état, tout comme son pied. Mais aux dernières nouvelles, le marin devance ses concurrents. Il a choisi l'itinéraire le plus court, mais le plus périlleux, celui des Açores. Il aurait pu suivre les alizés pour ménager *Manuréva*, plus légère et fragile, mais le marin préfère foncer. Une tactique risquée pour un multicoque, moins enclin à passer les fortes houles que les monocoques. À 4 h du matin, Alain Colas envoie son ultime message : « Je suis dans l'œil du cyclone, il n'y a plus de ciel, tout est amalgame, il n'y a que des montagnes d'eau autour de moi ». Et d'un seul coup, silence radio. Alain Colas disparaît et la mer n'a rien rendu. À la lecture des diverses théories dans la presse assurant un énième coup médiatique de sa part, on se fait une image précise de ce que pouvait dégager ce marin charismatique et visionnaire, au sens inné de la communication, qui a fait rentrer la voile dans la modernité. Et le mystère continue, inlassablement, à travers les paroles et la mélodie lancinante du tube intemporel de Serge Gainsbourg chanté par Alain Chamfort, « Où es-tu Manureva ? ». Dans les glaces de l'Alaska ou à Santiago de Cuba ? « Ce bateau fait partie de moi ou je fais partie de lui », disait-il. Unis dans la tragédie, leur légende hante à jamais les mers.

LOÏCK PEYRON,
LADA POCH III • VENDÉE GLOBE (1989)

Panique à bord

Navigateur nantais, on ne présente plus Loïck Peyron qui, depuis plus de 45 ans, navigue sur tout ce qui ressemble de près ou de loin à un bateau. Il n'a que 29 ans lorsqu'il prend la mer pour la toute première édition du Vendée Globe en 1989. En pleine course, le sauvetage épique de Philippe Poupon par Loïck Peyron permet de placer le Vendée Globe sur la carte des plus grands événements sportifs de la planète.

Une première édition d'anthologie

Fin novembre 1989, une France en liesse fête le bicentenaire de la révolution. Aux Sables-d'Olonne, l'ambiance est beaucoup plus austère. Treize marins s'engagent sur le Vendée Globe, première édition d'une course en voilier autour du monde en solitaire, sans escales et sans assistance. Et on n'en mène pas large sur la ligne de départ. Jusqu'ici, peu de marins se sont élancés en solitaire sur ces mers hostiles, certains n'en sont même jamais revenus. Les commentaires vont bon train sur les pontons, vont-ils devenir fous ? Combien d'entre eux reviendront ? Trente ans auparavant, l'unique édition d'un tour du monde similaire avait viré au cauchemar en Angleterre. L'atmosphère est un peu particulière sur les pontons. Côté flotte, quelques voiliers rutilants se dressent aux côtés d'anciennes gloires de la course au large comme l'ex-*Pen Duick III* d'Éric Tabarly, skippé par Jean-François Coste et rebaptisé *Cacharel*. De tous les bateaux, il semble le plus fiable pour affronter les mers du Sud, mais personne ne sait trop à quoi s'en tenir. Après tout, on compte plus d'astronautes dans l'espace que de marins en orbite autour du monde, cette course plonge tous les skippers dans l'inconnu. Mais ces pionniers rêvent tous de cette grande aventure. Parmi les favoris, Philippe Poupon sur *Fleury Michon X*, petit bijou flambant neuf équipé des dernières technologies. Loïck Peyron, lui, prend le départ à bord de *Lada Poch III*, vainqueur d'une étape au dernier BOC Challenge avec Titouan Lamazou. Le jeune navigateur qu'on surnomme « le petit lutin » semble tout frêle sur sa monture comparé aux autres candidats, Florence Arthaud dira de lui : « Loïck Peyron sur son immense bateau est la preuve que la tête compte autant que le muscle ». Le navigateur n'a jamais encore passé l'équateur ni le cap Horn et comme tous les autres marins à bord, il n'a ni téléphone Iridium ni algorithme pour calculer la météo. Un temps que les skippers de moins de 20 ans ne peuvent pas connaître. La vie à bord tient encore beaucoup à une carte et une table en bois. Éric Tabarly donne le départ le 26 novembre 1989 aux 13 skippers. Les voilà partis pour affronter quatre mois de solitude.

À gauche : Navigateur nantais, Loïck Peyron n'a que 29 ans lorsqu'il prend la mer pour la toute première édition du Vendée Globe en 1989.

En haut : Le bateau *Lada Poch* barré par Loïck Peyron lors du départ de la course à la voile Globe Challenge le 26 novembre 1989 aux Sables-d'Olonne.

« Philou » en galère

Loin des soucis de poids que connaissent les coureurs au large actuels, les skippers emportent à l'époque un maximum de vivres à bord. Loïck Peyron, lui, embarque carrément un synthétiseur sur lequel il pianote le jour de son anniversaire : « J'ai 30 balais, les enfants, ça arrive à tout le monde et ça ne fait pas mal, ne vous inquiétez pas ! ». Son journal de bord est en image, le skipper filme tout, ou presque, de son premier tour du monde. Quelques semaines plus tard, au large de l'Afrique du Sud, Titouan Lamazou

En haut : Le voilier *Fleury-Michon* barré par Philippe Poupon lors du départ de la course.

Ci-dessus : Poupon chavire au milieu des quarantièmes rugissants.

À droite : Loïck Peyron termine deuxième derrière Titouan Lamazou lors de la première édition du Vendée Globe en 110 jours, 1 heure et 18 minutes, le titre de héros en plus. Il présente ici son trimaran *Fujicolor II* en mars 1992.

En bas : C'est au beau milieu de ces quarantièmes que Loïck Peyron retrouve Philippe Poupon assis sur son 60 pieds chaviré.

est en tête. Philippe Poupon qui le suit de près subit une tempête au large du cap de Bonne-Espérance. Un énorme coup de vent couche le bateau sur le flanc. Loïck Peyron, qui se trouve non loin, se déroute alors pour lui porter assistance. À l'orée des quarantièmes rugissants, il cherche au près dans des conditions soutenues. Le vent est glacial et les déferlantes recouvrent le bateau dans une pénombre constante. Et soudain, le voilà ! La scène est improbable, le monocoque de Philippe Poupon est couché sur la surface de l'eau, à 90°. Loïck Peyron voit ainsi le favori, le skipper le mieux préparé, en plein naufrage. Alors que la tempête gronde, il hurle son nom. Philippe Poupon sort soudain en combinaison de survie sur son « bouchon » flottant. La scène est surréaliste et Loïck Peyron filme tout.

Un sauvetage épique

Trente-six heures après son chavirage, Philippe Poupon peut souffler, mais le plus gros reste à faire. Ils décident ensemble de la suite des opérations par VHF. Le sauveteur récupère une amarre lancée par le naufragé et tente de remettre le bateau dans l'axe du vent. « Mesdames, messieurs, nous sommes en train de faire du remorquage », se gausse Loïck Peyron. Au bout de 20 minutes, le monocoque ne se redresse toujours pas. Philippe Poupon doit couper les haubans de son mât d'artimon – les câbles qui relient le mât arrière au bateau – pour espérer voir l'embarcation se remettre à la verticale. Et ça marche : le bateau revient à flots ! Les cris de joie fusent en pleine mer. « Lolo, je te revaudrai ça », hurle Philippe Poupon en partant cette fois-ci vers Capetown. Puisque sa grand-voile est en partie déchirée et qu'on lui a porté assistance, il doit abandonner la course. En 1990, il prendra sa revanche lors de la Route du Rhum avec le même bateau et terminera deuxième derrière Florence Arthaud. Quant aux images du sauvetage, elles seront transmises de façon presque aussi épique que leur contenu. En 1989, la technologie ne permet pas de diffuser des vidéos en pleine mer. Il faudra attendre le passage du cap Horn pour que Loïck Peyron largue dans un sac étanche la cassette à l'un de ses frères skippers, Stéphane Peyron, venu à sa rencontre depuis un autre voilier. Ces images vont ainsi faire le tour du monde et participer à la légende de cette course. Loïck Peyron termine 2e du Vendée Globe après Titouan Lamazou et 110 jours en mer. Au cours de sa carrière, le marin nantais prendra trois fois le départ de cette course devenue légendaire, la première édition est la seule qu'il aura terminée. Loïck Peyron reste à ce jour l'un des marins les plus titrés de la planète. Quant au Vendée Globe, la course est devenue rapidement une légende pour les marins comme pour les terriens grâce à ses triomphes, ses drames, ses joies, ses tempêtes et surtout ses hauts faits de chevalerie maritime comme le sauvetage spectaculaire du monocoque de Philippe Poupon par Loïck Peyron. Elle reste, encore aujourd'hui, le symbole d'une grande épopée humaine face à l'inconnu.

COLOR II

FLORENCE ARTHAUD,
PIERRE 1er, ROUTE DU RHUM (1990)

Fiancée punk de l'Atlantique

En 1990, Florence Arthaud remporte la 4e édition de la Route du Rhum à bord de son trimaran *Pierre 1er*. Avec cette victoire, la navigatrice dépoussière une page de la voile et s'impose comme la première femme à remporter une grande classique de la course au large en solitaire.

1978, 1982, 1986, les trois premières Routes du Rhum

Florence Arthaud débarque en 1978 dans le milieu de la course au large. Du haut de ses 21 ans, cette amazone à la crinière bouclée s'élance à l'assaut de la première édition de la Route du Rhum, nouvelle course à voile organisée tous les quatre ans sur l'océan Atlantique et reliant Saint-Malo à Pointe-à-Pitre sans escale. À l'époque, cette course veut concurrencer la célèbre Transat anglaise qui a vu la naissance sportive d'un héros de la voile en France, Éric Tabarly. Benjamine de la compétition, la presse la surnomme affectueusement « La petite fiancée de l'Atlantique ». Mais c'était sans compter sur son côté rebelle. Fille de l'éditeur réputé Jacques Arthaud, dont la maison d'édition publie de nombreux livres de mer et d'aventures, la jeune fille de bonne famille se destine à des études de médecine quand un grave accident de la route la plonge dans le coma. Après une longue convalescence, elle rêve de liberté et part assister à la victoire d'Éric Tabarly à la Transat anglaise de 1976. En convoyant un bateau retour en France, elle s'éprend du capitaine et de la mer. C'est le déclic.

Un univers masculin

Mais pour enfoncer la porte des océans, il faut du caractère. Si la voile est un sport mixte, les obstacles sont nombreux pour les femmes dans les années 1990. Manque de considération, difficulté pour décrocher de bons sponsors, elle réfute malgré tout le sexisme ambiant : « J'aime le milieu des marins, il ne m'a jamais déçue. Bien sûr, c'est un monde de mecs, mais ils ne sont pas plus machos que les autres ». Mue par cette grande ouverture d'esprit, son indépendance et sa passion pour la voile, elle impose sa présence comme une évidence dans un milieu majoritairement masculin. En 1978, elle se lance à l'assaut de la toute première Route du Rhum et se classe à la très honorable 11e place. Elle retente sa chance en 1982, mais une série de contraintes la classe 20e. La troisième édition de 1986 vire au cauchemar, elle se déroute pour porter assistance à Loïc Caradec dont le trimaran a chaviré lors d'une édition dite « casse -bateaux », elle retrouve le bateau, mais le marin a disparu en mer. Cet épisode la marquera profondément. À force de talent et d'acharnement, la navigatrice se fait un nom dans le milieu. En 1989, Pierre Bachelet lui écrit même une chanson sur mesure, « Flo ». Mais paradoxalement, sa popularité et ses immenses qualités de marin ne lui ouvrent pas toutes les portes. Florence Artaud est une femme rebelle au caractère bien trempé, les sponsors sont un peu frileux et son record de la traversée de l'Atlantique en août 1990 ne convainc toujours pas. C'est dans ce contexte qu'elle se présente à la 4e édition de la Route du Rhum.

À gauche : Florence Arthaud est l'unique femme à avoir remporté la Route du Rhum. La presse l'avait déjà surnommée « La petite fiancée de l'Atlantique » depuis sa participation à l'âge de 21 ans à la première édition en 1978.

En haut : Florence Arthaud à la barre de son *Pierre 1er* non loin de Brest.

Florence approche de la Guadeloupe et de la victoire.
Pierre 1er a prouvé sa valeur.

PIERRE 1ER

En haut et ci-dessus : Florence Arthaud remporte la Route du Rhum à bord du trimaran *Pierre Ier* après 14 jours de traversée ; elle est la première femme à remporter une course transatlantique.

À droite : Décédée dans un crash d'hélicoptère en Argentine en 2015, Florence Arthaud et son voilier ont prouvé qu'une navigatrice pouvait dominer des marins expérimentés.

En bas : Suivi par une meute de bateaux, *Pierre 1er* franchit la ligne d'arrivée en vainqueur.

Un départ difficile

Cette année-là, une foule en ciré vient découvrir la nouvelle flotte de la compétition. Les trimarans s'imposent sur les pontons et ouvrent une ère tout carbone, le GPS fait ses premiers pas en mer et le gain de poids fait partie de toutes les stratégies. Quatre ans plus tôt, la moitié de la flotte a subi avaries et abandons dans une tempête, un marin a disparu en mer. Pour la sécurité de tous, les organisateurs ont changé les règles et la taille des bateaux, auparavant « no limit », désormais limitée à 60 pieds (18 mètres). Francis Joyon est obligé de tronçonner un bout de sa coque quelques jours avant le départ pour être sûr de s'aligner. Parmi les 32 marins, Florence n'est pas donnée favorite malgré une préparation impeccable. Si son trimaran *Pierre 1er* lui permet d'espérer pouvoir rivaliser avec les meilleurs, la navigatrice est mal en point. Une minerve maintient ses cervicales abîmées et contre l'avis des médecins, elle s'obstine à partir. Pour elle, la Route du Rhum ne se gagne pas forcément par la force des poignets, mais par celle de sa matière grise. Du haut de son 1,64 m et de ses 55 kg, sa carrure n'a rien à voir avec la musculature des autres marins, mais son mental est d'acier. La navigatrice est une battante. Ce jour-là, elle part pour gagner.

1990, la victoire épique

Après plusieurs jours en tête, Florence Arthaud range sa minerve et opte pour des choix météo payants quand soudain, elle tombe en panne de radio. Son routeur, Louis Baudin, actuel monsieur météo de TF1, ne peut plus l'aider. Totalement coupée du monde, la navigatrice doit naviguer à l'ancienne, seule. Olivier de Kersauson, alors cloué à terre suite à un problème de santé, s'est mué en consultant télé le temps de la course : « Le solitaire se concentre, travaille, se sert de son instinct et de son métier. Là, le métier a l'air d'être bon, son bateau est en tête ! ». Pour ne rien arranger, la navigatrice subit une hémorragie en plein milieu de l'Atlantique. Épuisée physiquement, elle pense déclencher sa balise de détresse, mais à force de pugnacité, elle remonte la pente. Face à sa meute de poursuivants, Florence Arthaud réalise une course incroyable seule face à l'océan. Son trimaran doré fonce vers Pointe-à-Pitre, sa frêle silhouette se dessine à la lumière éclatante des Antilles. Accrochée à son hauban, elle coupe la ligne d'arrivée vêtue d'un débardeur aux couleurs d'un groupe de rock. Elle aura ces trois mots simples : « Voilà c'est fait ». La navigatrice de 33 ans remporte cette Route du Rhum en améliorant le nouveau record en 14 jours, 10 heures et 8 minutes. Si dans le milieu de la voile sa victoire n'est pas une surprise, elle crée l'exploit pour le grand public. Première femme à avoir remporté une grande épreuve de course au large, Florence Arthaud, qui n'a pas cherché à devenir une pionnière, dépoussière malgré tout une page de la voile. Sa grisante chevauchée de l'océan Atlantique restera dans les annales et trace un sillon prometteur pour toute une nouvelle génération de skippeuses.

FI
PIERRE 1ER

ECUREUIL D'AQUITAINE

TITOUAN LAMAZOU
ÉCUREUIL D'AQUITAINE II • VENDÉE GLOBE (1989-1990)

L'artiste des mers

Artiste engagé avec un certain sens de la gagne, Titouan Lamazou est connu pour sa carrière éclair de navigateur dont le nom est à tout jamais associé à la victoire de la première édition du Vendée Globe en 1990. Après cinq ans de course et de succès, le navigateur renoue avec ses premiers émois de jeunesse, le dessin et la peinture.

Des beaux-arts à Tabarly

Né Antoine Lamazou au Maroc d'une famille béarnaise pur jus – il n'adoptera officiellement le prénom Titouan qu'en 1986 – le destin du petit garçon semble déjà tourné vers le voyage et l'exotisme. De retour dans le Sud-Ouest pendant son enfance, puis élevé en Tunisie à l'adolescence, le jeune poursuit ses études dans le berceau familial à Pau et découvre à 15 ans Chagall et Picasso. Sa curiosité pour l'art s'embrase et se mue en vocation. Après un bref passage aux Beaux-Arts, il prend le large à 18 ans en bateau-stop. Le voyage et la liberté comme supports à son art, voilà ce qui l'attire. Il traverse l'Atlantique comme équipier et pose ses bagages aux Antilles où il réalise ses premiers carnets de dessins. À l'heure du service militaire, l'artiste aux mèches brunes romantiques joue au rebelle. Mais sa bonne étoile et quelques vieux loups de mer vont le dissuader d'échapper à son destin et le convaincre d'accomplir son devoir sur le *Pen Duick VI* d'Éric Tabarly. En 1976, le brillant marin vient de remporter sa deuxième Transat anglaise. C'est dans ces conditions que Titouan Lamazou embarque et devient pendant deux ans son équipier autour du monde. Dans le Pacifique, Tabarly rédige son *Guide de la manœuvre* que le jeune artiste illustre. Il rencontre Jacques Brel, Bernard Moitessier et participe à la troisième étape de la Whitbread, la course autour du monde en équipage. Ses camarades de fortune, tous encore inconnus, s'appellent Philippe Poupon, Olivier Petit, Jean-François Coste ou encore Jean-Louis Étienne. De l'insoumission aux règlements militaires, il n'y a qu'un pas et c'est celui d'un géant qu'il s'apprête à franchir.

À gauche : Le skipper Titouan Lamazou sur son voilier *Écureuil d'Aquitaine* en janvier 1987.

En haut : Le voilier *Écureuil d'Aquitaine* en 1987.

Vainqueur du premier Vendée Globe

De retour en métropole en 1978, il tourne un regard mélancolique vers le Maroc, son pays de naissance. Il s'installe un an dans le Haut Atlas marocain avec sa femme, les expositions s'enchaînent, mais la mer lui manque. En 1985, il arme son premier navire, *Écureuil d'Aquitaine II*, dessiné par son ancien camarade devenu architecte naval, Olivier Petit. Il participe à toutes les épreuves du circuit international des courses au large : le BOC Challenge, la Québec–Saint-Malo, la C-Star. C'est un homme sensible qui cherche à s'accomplir. Désormais, il ne pense plus qu'au Vendée Globe, première course autour du monde en solitaire sans assistance ni escale et dont le départ est fixé en 1989 aux Sables-d'Olonne. Il se prépare pendant deux ans, poussant l'exercice jusqu'à embarquer des prothèses moulées en résine pour poursuivre coûte que coûte en cas de fracture. En ce matin du 26 novembre 1989, l'ombre tutélaire de *Pen Duick IV* plane dans l'écluse de départ : Éric Tabarly donne le coup de canon d'envoi, Jean-François Coste concourt avec l'ex-*Pen Duick III*, Philippe Poupon, ami, champion du monde des courses océaniques et redoutable concurrent de ce premier opus, salue *Écureuil d'Aquitaine II* construit par leur ancien équipier, Olivier Petit. Il ne manque que Jean-Louis Étienne, lui aussi parti au bout de son rêve, mais à terre, à la conquête de l'Antarctique. La presse et l'opinion sont sous le charme de ces héros modernes. Après 109 jours en mer, Titouan arrive triomphalement aux Sables-d'Olonne le 16 mars 1990. Peu avant son arrivée, il n'hésite pas à jeter toutes ses voiles superflues et son matériel de rechange par-dessus bord afin de gagner du poids et de la vitesse lors de la remontée de l'Atlantique : « Le seul plaisir, c'est de triompher. La mer est hostile. Pendant la course, on en chie vraiment et, les trois quarts du temps, on se demande ce qu'on fout là. Une seule pensée m'obsédait : gagner. On fait ça pour

En haut : En 1987, Titouan Lamazou participe au BOC Challenge à bord d'*Écureuil d'Aquitaine*.

Ci-dessus : Les skippers du Vendée Globe en 1989.

À droite : Le voilier *Écureuil d'Aquitaine II* de Titouan Lamazou lors du départ de la course Globe Challenge le 26 novembre 1989 aux Sables-d'Olonne.

En bas : Titouan Lamazou teste son bateau avant de participer à la première édition du Vendée Globe.

exister face au reste du monde. J'espère que cette course va m'apporter une grande liberté ». Le quotidien *Ouest France* salue un authentique exploit puisque personne avant Titouan Lamazou n'avait bouclé le tour du monde aussi rapidement. Olivier de Kersauson détenait jusqu'alors le record depuis 1989 sur son trimaran *Un autre regard*, en 125 jours.

Cofondateur du Trophée Jules-Verne

La même année, Titouan Lamazou termine vainqueur de la Route du Rhum dans la catégorie monocoque. Il est ensuite sacré champion du monde de course au large de 1986 à 1990. En 1991, il crée avec Florence Arthaud le Trophée Jules-Verne, première course autour du monde en moins de 80 jours sans limite de taille pour les bateaux. Pour relever ce défi, il lance la construction du plus grand monocoque de course jamais réalisé en matériaux composites, le *Tag Heuer*. Mais la goélette de 43 mètres fait brutalement naufrage en 1993 et le défi vire au cauchemar financier. Sous le choc et lâché par ses sponsors, Titouan Lamazou met brutalement fin à sa carrière de navigateur professionnel. *Écureuil d'Aquitaine II* est revendu et participe à deux autres éditions du Vendée Globe – avec Bertrand de Broc en 1992 puis Hervé Laurent en 1996 – avant de changer de nombreuses fois de propriétaires et d'être laissé à l'abandon une quinzaine d'années au Venezuela. Un notaire des Sables-d'Olonne relève le défi de le retrouver et après des aventures rocambolesques, le ramène en 2023 là où sa grande aventure autour du monde a commencé. Le mythique voilier s'appellera désormais *T One One*, un symbole pour son nouveau propriétaire : « Le bateau, c'était le numéro onze. C'est le premier à être sorti du port des Sables-d'Olonne, le premier à être entré. Et T est un hommage à Éric Tabarly qui a donné le départ du premier Vendée Globe ».

Retour aux premiers émois d'artiste

Le naufrage de son monocoque de course *Tag Heuer* laisse un goût amer à Titouan Lamazou. Il abandonne sa carrière professionnelle de coureur au large et renoue dès lors avec ses amours de jeunesse en se consacrant pleinement aux voyages et aux arts graphiques. Peintre, photographe, illustrateur, il exerce ses talents et fait l'objet d'expositions dans le monde entier. Il nourrit le projet d'un catamaran, Vaiora, transformé en atelier itinérant sur lequel artistes et scientifiques pourraient embarquer afin d'allier leurs créativités. Il sera prochainement en construction dans les mêmes chantiers… qu'*Écureuil d'Aquitaine II*.

radio ocean
ECUREUIL

ISABELLE AUTISSIER

ÉCUREUIL POITOU-CHARENTES • BOC CHALLENGE (1990-1991)

Première femme autour du monde

Marin emblématique des années 1990, scientifique et militante écologiste, Isabelle Autissier a consacré toute sa vie à la mer. Première femme à boucler un tour du monde en solitaire, elle permet avec la victoire de Florence Arthaud à la Route du Rhum, une toute nouvelle génération de voileuses de ne plus se considérer comme une goutte d'eau dans la mer.

La mer ou rien

Née en 1956, Isabelle Autissier grandit en région parisienne et découvre la voile en Bretagne sur le petit voilier familial. La jeune fille ressent très vite l'envie d'écrire son avenir dans le sillage de l'océan et d'y lier son destin. Brillante étudiante, elle décroche un diplôme d'ingénieure halieute et se spécialise dans les méthodes de pêche. Sa conscience écologique se développe au contact des pêcheurs qu'elle côtoie à La Rochelle où elle s'installe pour enseigner et mener des recherches à l'Ifremer. Sur le quai du port, quand la jeune femme de 24 ans ne vient pas constater les dégâts de la surpêche, elle construit pendant son temps libre son premier bateau, un sloop en acier de 10 mètres sur lequel elle boucle un tour de l'Atlantique. L'envie de la compétition lui vient et le solitaire l'attire. Sa vie en mer est rustique, elle lui convient parfaitement. En 1987, elle termine 3ᵉ au classement général de la Mini-Transat sur un monocoque de 6,50 mètres, la course ne compte alors que deux femmes sur 53 participants. Sa performance, à la fois remarquée par le milieu de la voile, mais aussi par les médias, lui permet d'intégrer le milieu de la course au large et de participer à la Solitaire du Figaro en 1989. À cette époque, pas de centre d'entraînement pour pro, Isabelle Autissier apprend seule sur le tas et se paie des cours de météorologie. Ses rêves d'enfant à la lecture des écrits de Bernard Moitessier lui reviennent. L'horizon est dégagé pour un tour du monde.

Première « cap-hornière » en course et en solitaire

À 34 ans, Isabelle Autissier quitte son travail et s'inscrit au BOC Challenge, course autour du monde en solitaire par étapes. Pour réaliser son projet, elle rachète le bateau de Jean-Luc Van Den Heede, l'ex-*36,15 MET*, qui vient de terminer 3ᵉ à la toute première édition du Vendée Globe. Doté de deux mâts, le ketch en aluminium est un yawl de course, une monture peu courante. Isabelle Autissier le rebaptise *Écureuil Poitou-Charentes* et prépare minutieusement sa course. Quand la presse s'interroge sur les capacités d'une

À gauche : La navigatrice Isabelle Autissier prépare le BOC Challenge, course autour du monde en solitaire, en 1990.

En haut : Après avoir démâté, Isabelle Autissier atteint le port de Sydney le 27 décembre 1990.

femme à venir à bout d'une telle épreuve, la navigatrice balaie d'un revers de la main une telle question. Pour cette ingénieure de formation, la voile n'est ni une aventure ni un sport réservé aux hommes, mais une discipline cérébrale où le choix d'une bonne option météo permet de gagner plus de temps qu'une manœuvre rapide. En résumé, mieux vaut préparer sa météo qu'abuser de la gonflette. C'est d'ailleurs pour compenser un manque de musculature – et un naufrage – qu'Isabelle Autissier développera plus tard un système de quille pivotante permettant de redresser un bateau plus facilement en cas de coup dur. En 1991, elle s'élance. Dès la deuxième étape, la navigatrice démâte entre la Tasmanie et l'Australie, mais rien ne l'arrête, la voilà qui construit un gréement de fortune. Le 12 mai 1991, Isabelle Autissier arrive 7e au classement général du BOC et s'impose comme la première femme à réaliser un tour du monde à la voile en solitaire. Elle relativise : « Je me réjouis d'avoir contribué à élargir l'imaginaire des femmes, à incarner une sorte d'accomplissement, à combattre l'idée qu'il puisse y avoir des domaines réservés aux hommes. Mais cela ne change rien à ma vie quotidienne. »

De marin à terrien

Après cet exploit, la navigatrice décide de se consacrer à plein temps à la course au large et navigue quatre fois autour du monde en dix ans, notamment durant la troisième édition du Vendée Globe 1996-1997. En 1994, Isabelle Autissier bat avec son équipage le record de la traversée New York par San Francisco en 62 jours, 5 heures et 55 minutes, c'est 14 jours de mieux que le précédent chrono. Son naufrage lors du BOC Challenge de 1999 sonne le glas de la compétition. Le marin entame sa mue d'écrivaine et vogue vers de nouveaux voyages littéraires. Militante écolo depuis toujours, elle préside pendant plus de dix ans la branche française du WWF (Fonds mondial pour la nature). En 2024, après une douzaine de romans salués par la presse et ses pairs, Isabelle Autissier postule à l'Académie française.

Ci-dessus : Isabelle finit la course sous gréement de fortune, un exploit.

À droite : Isabelle brandit un kangourou après avoir franchi la ligne d'arrivée à Sydney. C'est la première femme à réussir un tour du monde à la voile en compétition.

En bas : Isabelle Autissier à bord de son *Écureuil Poitou-Charentes* : l'austérité est de mise.

Commodore
Commodore
Commodore
HENRI LLOYD
FRANCE
nter

BRUNO PEYRON

COMMODORE EXPLORER • TROPHÉE JULES-VERNE (1993)

Le premier tout du monde en moins de 80 jours

Jules Verne en avait rêvé, Bruno Peyron l'a fait… en catamaran. Le 20 avril 1993, le marin et ses 4 équipiers réalisent une première mondiale en bouclant le tour du monde à la voile en moins de 80 jours. Premier détenteur du Trophée Jules-Verne, l'équipage nous fait une place sur le pont pour revivre avec eux ce tout premier exploit, source d'inspiration pour de nombreuses générations d'équipages.

Le Trophée Jules-Verne

En 1872, Jules Verne publie ce qui s'apprête à devenir l'un des plus grands succès de la littérature française, *Le tour du monde en 80 jours*. Cette histoire abracadabrantesque, inspirée d'une histoire vraie, met en scène un gentleman anglais un brin excentrique, Phileas Fogg, et son valet Passepartout, lancés dans un passionnant tour du monde qu'ils ont fait le pari d'accomplir par n'importe quel moyen de locomotion en moins de 80 jours. Un siècle plus tard, leur aventure inspire une bande de copains marins qui cherche à fixer un cadre aux tentatives de record autour du monde. L'association derrière le projet est présidé par Olivier de Kersauson et compte le gratin des skippers de l'époque : Florence Arthaud (vainqueur de la Route du Rhum 1990), la fratrie Peyron, le Néo-zélandais Sir Peter Blake, l'Anglais Sir Robin Knox Johnston (vainqueur du Golden Globe en 1968), Titouan Lamazou (premier vainqueur du Vendée Globe en 1989) et Yves le Cornec, à l'origine de l'idée. L'idée est simple : récompenser le tour du monde à la voile réalisé le plus rapidement possible en moins de 80 jours en équipage, sans escale et sans assistance sur une distance minimale de 21 760 milles (40 300 km). La compétition est ouverte à tous types de bateaux, sans limite de taille, et à n'importe quelle date. Le défi, taillé pour l'aventure collective, va très vite se muer en exploit sportif et technologique.

À gauche : Bruno Peyron remporte le Trophée Jules-Verne le 20 avril 1993, après avoir coupé la ligne imaginaire située près d'Ouessant en Bretagne.

En haut : Dernier entraînement à bord du catamaran *Commodore* avant le départ du Trophée Jules-Verne.

Commodore Explorer, le plus grand catamaran du monde

Ce matin-là, le scénario ressemble à un western de Clint Eastwood, mais en bottes et ciré sur fond de biniou dans le *wild wild west* breton. Sur les pontons, trois équipages s'épient au loin pour cette première tentative de record autour du monde : le bon Sir Peter Blake sur le catamaran *Enza*, la brute Olivier de Kersauson sur le trimaran *Charal*, et l'infatigable Bruno Peyron sur *Commodore Explorer*. Chez les Peyron, il y a Bruno, l'aîné, Loïck le cadet, et Stéphane le benjamin, une admirable fratrie de champions qui se partagent l'amour de la voile et la une des journaux. Alors que Loïck vient de terminer deuxième de la première édition du Vendée Globe (chapitre 6 p. 34), Bruno s'apprête aussi à passer au 20 Heures. L'avenir des courses au large se joue à la barre des multicoques géants, il le sait. Le pari romanesque lancé par Jules Verne à son excentrique personnage Phileas Fogg lui a fourni un excellent prétexte pour tester ses idées pour son « catamaran de l'an 2000 », un rêve de 40 mètres de long taillé pour avaler des milles à une vitesse fulgurante. Pour réussir son tour du monde en moins de 80 jours, il rachète le plus grand et le plus rapide multicoque du monde, l'ancien *Jet Services V*, détenteur du record de l'Atlantique Nord en 6 jours à 19 nœuds de moyenne. C'est un bolide de course, on le surnomme « Le Tornado ». Mais si les catamarans sont des bateaux rapides et plus légers que les trimarans, ils ne sont pas vraiment adaptés pour naviguer par les trois caps. Difficiles à freiner, les craintes sur leur stabilité sont aussi nombreuses. Comment le multicoque géant en carbone de 26 mètres va-t-il réagir une fois lancé dans les mers impitoyables du Sud ? Jusqu'ici, personne n'a tenté une telle aventure autour du monde, de surcroît sur un engin mi-fusée, mi-machine à laver. Une fois l'ex-*Jet Services* modifié et renforcé, un commando de quatre marins aussi compétents que soudés accompagnera Bruno Peyron dans cette aventure épique au péril de leur vie.

mmodore

Commodore affronte les éléments
au départ de la course.

Ci-dessus : La construction de *Commodore* s'achève juste avant le départ du Trophée Jules-Verne.

À droite : Phileas Fogg ? Non, Bruno Peyron et son équipage fêtent dignement leur arrivée après leur exploit autour du monde en catamaran en 76 jours.

En bas : Bruno Peyron arrive en vainqueur au Pouliguen à la barre de *Commodore*. Il sera triple détenteur du Trophée Jules-Verne (1993, 2002, 2005).

Une navigation d'anthologie

Quelques heures après *Enza* de Peter Blake, ersatz de Tabarly au pays des Kiwis, Bruno Peyron largue les amarres le 30 janvier 1993. L'équipier remplaçant, un certain Thomas Coville, salue les marins le cœur serré. Olivier de Kersauson, lui, est parti voilà cinq jours, bien décidé à remporter le trophée. Peyron et Blake rentrent tout de suite dans le match, ce premier Jules-Verne prend des airs de bataille rangée. Le 9 février, *Commodore Explorer* est en tête et franchit l'équateur, il rafle son premier record. À peine arrivé dans les quarantièmes, les conditions de navigation se dégradent et *Commodore Express* manque de chavirer dans le creux d'une vague. Les marins endurant les chocs, le gréement n'est plus qu'un concert de sifflements au milieu de l'humidité et du froid, il faut rester vigilant. L'alerte aux icebergs vient d'être lancée par Kersauson qui vient d'être percuté à plus de 450 milles de là, *Charal* doit abandonner. Malgré le champ de mines en vue et l'annonce d'un vent à plus de 50 nœuds (92 km/h), Bruno Peyron continue de gratter quelques degrés vers le sud pour gagner du temps, mais il fonce sans le savoir vers des vagues géantes à plus de 30 nœuds « Enfer initiatique. Brutal. Violent. Puissant. Démesuré ! Il n'y a pas de qualificatifs précis pour exprimer ce qui se passe ici en ce moment », écrira Bruno Peyron par 42° Sud, « nous avons changé d'échelle et de planète. *Commodore Explorer* est sans doute le plus grand catamaran, mais ici il n'existe pas. Chavirage évité de justesse ». L'équipage, pourtant habitué aux navigations hauturières, n'a jamais connu de mer aussi violente. Le bateau s'en sort miraculeusement sans trop de dégâts et l'équipage mettra plusieurs semaines à s'en remettre… jusqu'au cap Horn.

Dans la gueule du Horn

Un duel au sommet se joue maintenant entre les mercenaires de Peter Blake et la dream team de *Commodore Explorer*. Mais *Enza* heurte soudainement un objet flottant non identifié près du cap de Bonne-Espérance qui sonne le glas de son aventure. Maintenant seul en piste, *Commodore Explorer* franchit le cap Leeuwin, puis le Pacifique avant d'atteindre le cap Horn. Le maxi-catamaran affronte des vents de plus en plus violents, jusqu'à 70 nœuds dans les rafales (130 km/h). Après 48 heures d'angoisse reclus dans les coques du bateau, les marins franchissent le Horn sains et saufs. Une course contre la montre s'engage alors. Pour espérer couper la ligne d'arrivée dans les temps, il faut tenir une moyenne de 14,5 nœuds en remontant l'Atlantique jusqu'à Ouessant, sans rester coincé dans le Pot-au-Noir. Quelques jours avant l'arrivée, rien n'est encore gagné. Un dernier sprint, une ultime tempête et le 20 avril 1993, *Commodore Explorer* franchit la ligne d'arrivée et relève le pari de Phileas Fogg, en 79 jours, 6 heures et 15 minutes. C'est une première mondiale, un exploit et une immense aventure maritime pour ces marins d'exception. Et même si l'épreuve fut énorme, Bruno Peyron n'en a pas fini avec cette compétition. Il repart à l'assaut du Trophée Jules-Verne et bat de nouveaux records en 2002 (64 jours) et en 2005 (50 jours). Son premier chrono, lui, sera battu l'année suivante par Peter Blake et divisé par deux par Francis Joyon en 40 jours, 25 ans plus tard. Il est à ce jour le seul marin au monde à avoir remporté le Trophée Jules-Verne à trois reprises.

79 days
06 Hours
15 minutes
20 seconds

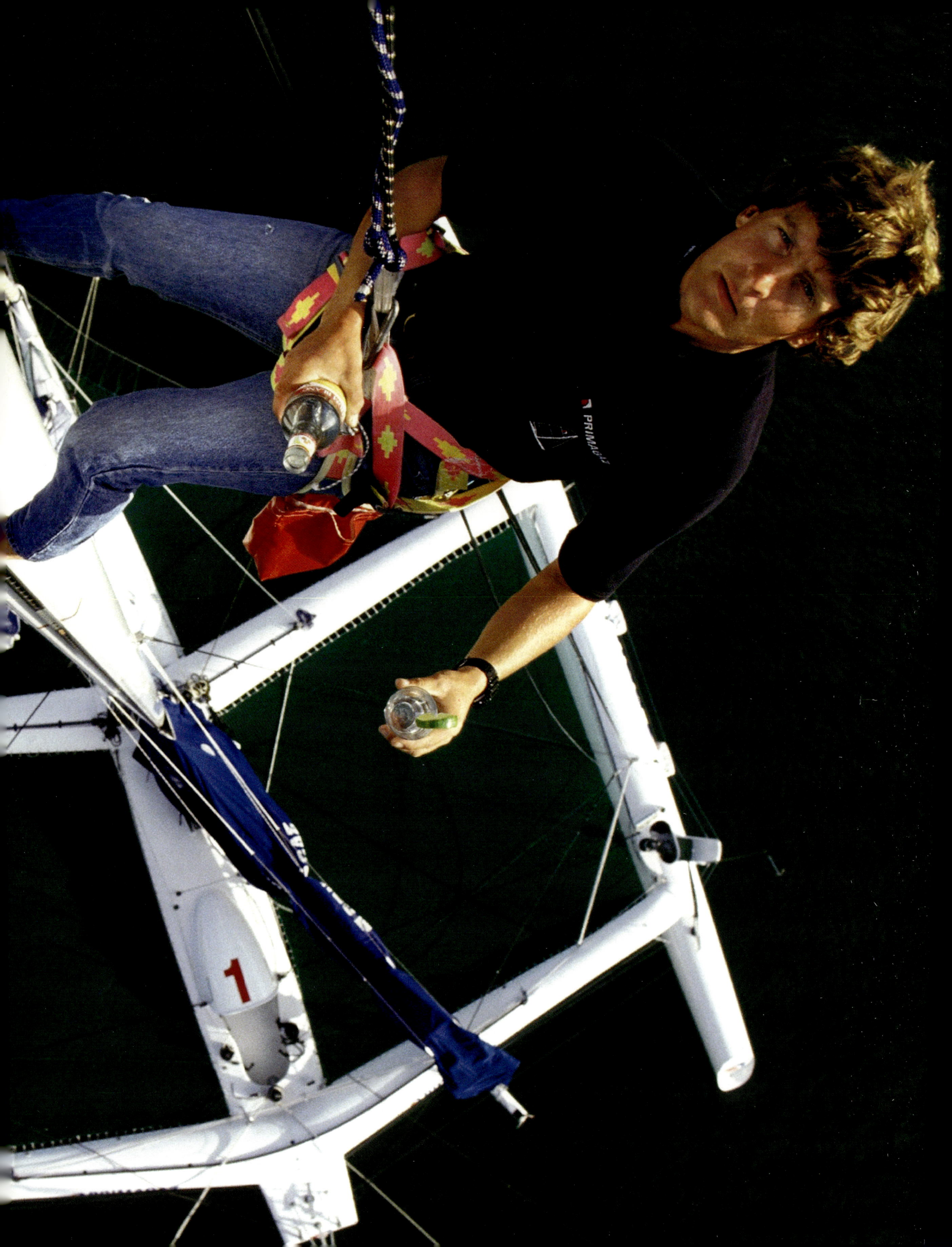

LAURENT BOURGNON

PRIMAGAZ • ROUTE DU RHUM (1994)

Itinéraire d'un enfant suisse

La course au large en multicoque des années 1990, c'est lui. Seul et unique skipper à avoir inscrit son nom deux fois sur la première marche de la Route du Rhum, Laurent Bourgnon déferle sur le milieu de la voile par le biais de l'aventure et marque profondément son époque par son immense talent et son originalité. Après dix ans de victoire, l'étoile du large quitte la compétition sur la pointe des pieds et laisse une empreinte indélébile dans le cœur de ses pairs.

Un authentique surdoué

En 1986, Laurent Bourgnon sort d'un chapeau à l'âge de 20 ans. Le Suisse vient de réaliser la première traversée de l'Atlantique avec un camarade en Hobie Cat, petit catamaran de club de voile sans cabine que Mike Horn lui-même aurait qualifié de barré. Personne ne connaît ces hurluberlus, mais leur odyssée de 20 jours sur ce petit trampoline à fleur d'eau est un immense exploit, doublé d'une première mondiale. Elle reflète bien l'incroyable talent de Laurent Bourgnon, jeune funambule aquatique : « Je vis au fil des océans, je rêve d'être un marin-dauphin en symbiose avec l'océan ». L'incroyable chance des deux amis fut d'arriver quelques heures seulement après le vainqueur de la Route du Rhum, Philippe Poupon, et de capter l'attention. Huit années plus tard, sans le savoir, Laurent Bourgnon triompherait ici au même endroit. Mais pour le moment, le jeune homme a d'autres projets en tête. L'année suivante, il s'impose 2e au classement général de la Mini Transat et remporte la Solitaire du Figaro en 1988. Il est alors le plus jeune participant et court sur l'un des plus vieux bateaux de la flotte. Son palmarès aussi fulgurant que remarquable lui ouvre les portes de la course au large. Aussi à l'aise sur un trimaran dernier cri que sur un monocoque vieillot, l'aventurier aux cheveux d'or et à la bouille réjouie transforme chacun de ses essais en succès. Il trouve un sponsor à la hauteur de ses ambitions et met en chantier son premier trimaran océanique de 60 pieds, *Primagaz*. Évolution de *Pierre 1er*, trimaran avec lequel Florence Arthaud a remporté la Route du Rhum en 1990, il est le premier Orma à naviguer sur un seul flotteur. Taillés pour la course au large, les trimarans Orma comptent parmi les bateaux les plus sophistiqués de leur époque, mais aussi les plus fragiles et les plus dangereux. Laurent Bourgnon va très vite s'imposer dans cet exercice de haute voltige et avec *Primagaz*, ce fou de vitesse a trouvé une monture taillée pour sa virtuosité. Il peut désormais s'attaquer à la plus prestigieuse des courses transatlantiques, la Route du Rhum.

À gauche : Laurent Bourgnon prépare la Route du Rhum sur *Primagaz* à La Trinité en septembre 1994.

En haut : Ici, au départ de la course à Saint-Malo en novembre 1994.

1994, l'année de tous les records

Dans les années 1990, la course au large adopte le GPS et de nouvelles technologies font leur entrée à bord. Mais la modernité ne remplace pas l'instinct du marin et il faut encore une bonne dose de génie pour affronter l'océan. Laurent Bourgnon n'en manque pas et l'année 1994 va s'avérer particulièrement riche pour lui. Le Suisse remporte la Twostar, transat anglaise, en double avec l'Américain Cam Lewis puis décroche le record de la traversée de l'Atlantique Nord à la voile en solitaire sur *Primagaz* en 7 jours, 2 heures et 34 minutes. Ce samedi 5 novembre 1994 au matin, sous un temps maussade, Laurent Bourgnon fignole les derniers préparatifs de sa traversée tout sourire. Dans quelques heures

En haut : Un cyclone menace et la course se durcit, mais Bourgnon déjoue tous les pièges.

Ci-dessus : La victoire est là, il est accueilli en héros à Pointe-à-Pitre

À droite : Dans les années 1990, Laurent Bourgnon et son trimaran *Primagaz* domine toutes les grandes courses océaniques et s'empare de nombreux records.

En bas : Le « Petit Prince », comme on l'a surnommé, célèbre sa victoire par un bain et en allumant un feu de détresse.

aura lieu, entre Saint-Malo et Pointe-à-Pitre, le coup de canon de la cinquième édition de la Route du Rhum. Avec autant de multis que de monocoques, cette édition donne naissance à un classement séparé. Le plateau, chez l'émergente classe des multicoques, est au rendez-vous avec face à lui Loïck Peyron, Paul Vatine ou encore Francis Joyon. Côté monocoque, Florence Arthaud ne défend pas son titre cette année, mais une autre Florence, elle, la remplace, une tempête tropicale et ses vents de 60 nœuds. Quand Laurent Bourgnon s'élance, son sourire lumineux tranche avec l'océan déchaîné qui l'attend. Au milieu du tumulte, il déjoue tous les pièges et grille la politesse à Paul Vatine qui le suit de près. Derrière eux, les fortunes de mer sont nombreuses et la menace du cyclone finit par s'estomper. Laurent Bourgnon mène à la perfection son trimaran blanc jusqu'à Pointe-à-Pitre et remporte brillamment la Route du Rhum. Avec un temps total de 14 jours, 6 heures et 28 minutes, il améliore de plus de trois heures le record de l'épreuve détenu par Florence Arthaud, qui s'était imposée dans l'édition de 1990. C'est la consécration, le marin est nommé champion du monde de la course au large en 1994, 1995 et 1997. Quatre ans plus tard, en 1998, Laurent Bourgnon remet son titre en jeu. Pari réussi, il remporte à nouveau la Route du Rhum et bat son propre record en 12 jours, 8 heures et 41 minutes. Le « Petit Prince » continue de briller sur les podiums et s'illustre dans d'autres domaines et prend ainsi part au Paris-Dakar à sept reprises, vole dans les airs aux commandes d'un ULM ou pratique régulièrement la plongée sous-marine, sa dernière passion. Polyvalent, le marin se retire progressivement de la compétition avant d'embarquer femme et enfants en Polynésie française.

Disparu au paradis

Après lui avoir offert toutes les victoires, la mer l'emporte en 2015. Laurent Bourgnon est porté disparu lors d'une plongée dans l'archipel des Tuamotu, à 400 km de Tahiti. Après quatre jours de recherches intensives, l'espoir n'est plus. L'hypothèse d'un accident de plongée, dû à un fort courant l'ayant entraîné vers le fond, reste la plus probable. Laurent Bourgnon est le dernier grand marin à disparaître, à « faire son trou » comme disaient jadis les Cap-Horniers des marins péris en mer. La veille du drame, son frère Yvan, avec lequel il avait remporté la Transat Jacques-Vabre en 1997, venait tout juste de boucler un tour du monde en solitaire sans GPS à bord d'un catamaran de sport similaire à celui de l'exploit de son frère réalisé 30 ans auparavant.

PRIMAGAZ
GROUPE
PRIMAGAZ

YVES PARLIER

AQUITAINE INNOVATIONS • VENDÉE GLOBE (2000)

L'extraterrestre

De ses timides victoires dans les années 1990 jusqu'à la traction de navires par cerf-volant pour décarboner le transport maritime au XXIe siècle, Yves Parlier aura sans nul doute marqué son époque par son parcours exceptionnel, mais surtout par une aventure hors du commun. Celle d'un démâtage en décembre 2000 lors du Vendée Globe où le skipper va lui-même réparer son mât, seul et sans assistance sur une île déserte en Nouvelle-Zélande, pour finir coûte que coûte son tour du monde en 126 jours.

Un premier bateau construit à 23 ans

Alors qu'il n'est qu'un adolescent, Yves Parlier part régulièrement en stop de la région parisienne où il habite pour effectuer des stages de voile à la Trinité-sur-Mer. Passionné de voile, il décide d'en faire son métier. Arcachon, terre familiale, deviendra son port d'attache. Après l'obtention de son DEST matériaux composites, Yves Parlier met en application son sujet de mémoire de fin d'études par un test grandeur nature : équiper pour la première fois un voilier de course d'un mât en fibre de carbone. Son profil atypique lui permet de trouver le financement nécessaire pour construire son premier prototype Aquitaine. En 1985, son voilier de 6,50 mètres, en carbone et kevlar, avec son mât inédit, est prêt pour la course. C'est une première mondiale. Il participe alors à la Mini Transat et signe un nouveau record en reliant Brest à Point-à-Pitre en 31 jours 20 heures et 37 minutes, l'emportant alors de 69 heures sur son premier poursuivant. Yves Parlier marque alors les esprits du haut de ses 24 ans. Son diplôme validé, il pense ranger ses amarres et débuter son métier d'ingénieur quand la consécration arrive en 1991 alors qu'il décroche la victoire dans la Solitaire du Figaro. La presse spécialisée le surnomme alors « L'extraterrestre » pour ses choix météo complexes lors de cette course réputée technique.

À gauche : Yves Parlier avant le départ du Vendée Globe. Connu pour ses inspirations météo extrêmes et ses innovations futuristes, Yves Parlier s'est forgé un surnom dans le milieu de la voile, « L'extraterrestre ».

En haut : Au départ de la Transat anglaise en 2000, Yves ne finira pas, mais dématera au milieu de la course…

Aquitaine Innovations, le plus rapide 60 pieds de sa génération

En 1994, Yves Parlier accroche la Route du Rhum à son palmarès et s'attaque désormais à la préparation de la mythique course du Vendée Globe. Avec son équipe, il travaille à la réalisation d'un monocoque de 60 pieds baptisé *Aquitaine Innovations* et muni d'un mât-aile, soutenu par des outriggers. Il faut imaginer deux grands bras tendus vers le ciel, à la place des traditionnelles barres de flèches. Particulièrement léger (7,5 tonnes à son lancement), *Aquitaine Innovations* est le fruit de choix très avant-gardistes dont nul ne connaît réellement la destinée. En 1997, Parlier remporte la Fastnet Race puis la Transat Jacques-Vabre en double avec son ami Éric Tabarly qu'il sort de la retraite, et dont ce sera la dernière course. Il prend le départ du Vendée Globe 1996-1997, mais une série d'avaries le contraint à l'abandon.

Le Robinson Crusoé du Vendée Globe 2000-2001

Un mois après la mort de son ami Eric Tabarly, Yves Parlier est victime d'un grave accident de parapente à l'été 1998. Après deux années de rééducation, son handicap l'a rendu moins agile, mais il tient à se tenir sur la ligne de départ du 4e Vendée Globe aux Sables-d'Olonne en 2000. Le skipper tente à nouveau d'aller décrocher son rêve, c'est sa troisième tentative dont la deuxième avec *Aquitaine Innovations*. La course démarre au mieux pour le navigateur qui conserve pendant plusieurs semaines la tête de la flotte. Mais le 17 décembre, au large des îles Kerguelen, dans les cinquantièmes hurlants, les vents deviennent rapidement violents. Yves Parlier tente de rattraper Michel Desjoyeaux en tête du classement, mais sous la violence d'une vague, son mât de 27 mètres de haut se brise dans les mers du Sud. Pour un marin, c'est la pire des galères. Le skipper refuse toute escale ou assistance de peur d'être classé hors course. C'est la règle du Vendée Globe. Qu'à cela ne tienne, l'ingénieur en matériaux composites mouille sur une île déserte au sud de la Nouvelle-Zélande pour réparer tout seul son bateau.

En haut : À la barre d'*Aquitaine Innovations*, Yves Parlier, après de nombreuses tribulations, atteint Les Sables-d'Olonne au bout de 126 jours de compétition.

Ci-dessus : « L'extraterrestre » dans ses œuvres lors du départ de la Transat anglaise.

À droite : Lors du Vendée Globe 2000, Yves Parlier répare seul son mât sur une île déserte au large de la Nouvelle-Zélande avant de reprendre sa course.

En bas : *Aquitaine Innovations* est le premier 60 pieds équipé d'un mât-aile supporté par des barres de flèches géantes, un voilier à la pointe de l'innovation à la fin des années 1990.

Le triomphe de la débrouillardise

En tête à tête avec le clapotis de la mer et les albatros, les ennuis continuent. Un coup de vent couche le bateau sur le flanc et le marin doit également se rationner pour survivre. Le ventre vide, mais la tête pleine, il ponce, ajuste et colle les différentes pièces de son mât à l'aide d'un four bricolé grâce à des ampoules, un sac de couchage et une cloison isotherme recouverte de couvertures de survie. Dix jours après, *Aquitaine Innovations* peut ainsi reprendre la mer avec un gréement de fortune tronqué, mais opérationnel. Mais la navigation est risquée et le marin épuisé. Yves Parlier estime qu'il lui reste encore 60 jours de mer jusqu'à l'arrivée, il doit alors se nourrir d'algues pour se remplir le ventre. Au bord de l'abandon le long des côtes brésiliennes, la pêche le sauve et lui permet de reprendre des forces pour rejoindre le port des Sables-d'Olonne. Le 16 mars 2001, au bout de 126 jours de galères, Yves Parlier franchit enfin la ligne d'arrivée et se classe 13e au classement général. Son périple incarne le triomphe de la débrouillardise et vole un peu la vedette au vainqueur de cette édition, Michel Desjoyeaux. Le 14 juillet 2002, son courage est honoré par la médaille de chevalier de la Légion d'honneur. *Aquitaine Innovations*, lui, continue sa grande carrière auprès de Yannick Bestaven et Tanguy de Lamotte.

Au service du futur

Après avoir épaté la France en marin bricoleur – il finira même héros de son propre biopic à la télévision en 2024 – Yves Parlier pose un peu le pied à terre à l'issue de ce Vendée Globe agité. Sa fascination pour les technologies d'avant-garde ne l'ayant jamais lâché, il crée peu de temps après le premier hydraplaneur catamaran de 60 pieds qui remporte le record de distance parcourue en 24 heures. Après quelques retrouvailles en mer, notamment en 2008 avec Franck Cammas sur le Trophée Jules-Verne, il se consacre progressivement à sa nouvelle vie de chef d'entreprise avec son nouveau projet fondé en 2014, Beyond the Sea. Son but ? Tracter n'importe quel bateau par la voile d'un kite grâce au vent. Car briser son mât au milieu de l'océan, Yves Parlier s'y connaît.

STEVE FOSSETT

PLAYSTATION • TRAVERSÉE DE L'ATLANTIQUE (2001)

Le rêve d'un milliardaire américain

Le mercredi 10 octobre 2001, un catamaran remporte l'exceptionnel record de la traversée de l'Atlantique en 4 jours, 17 heures et 28 minutes. *PlayStation* a tenu une vitesse moyenne exceptionnelle de 25,79 nœuds et s'est même offert des pointes à 34 nœuds. Mais quelle est cette incroyable Formule 1 des mers ?

L'homme aux 116 records du monde

À l'époque de cette traversée, l'épisode se joue autour d'un aventurier américain de 57 ans, Steve Fossett, successivement triathlète, nageur, aéronaute, alpiniste, pilote d'avion et collectionneur de records à la pelle où prédomine largement son engagement personnel. Ainsi, on a vu l'ancien courtier de Chicago traverser la Manche à la nage, faire le tour de la terre en montgolfière, mener des chiens de traîneaux à travers l'Alaska pour l'Iditarod, disputer le Paris-Dakar, les 24 Heures du Mans, voler en solitaire autour de la terre, survivre à une chute de 9 000 mètres et tenté à deux reprises l'ascension de l'Everest. Lorsqu'il s'engage dans la course au large, il n'est donc pas un inconnu, mais ses pairs le considèrent un peu comme un roturier des mers, un opportuniste assoiffé de gloire et de reconnaissance pétri sur l'autel de ces dollars. Bref, l'aventurier agace les Bretons, même si ce dernier termine honorablement à la 5e place de la Route du Rhum en 1994 sur l'ancien *Pierre 1er* de Florence Arthaud, rebaptisé Lakota. En 1996, quand Bruno Peyron annonce la création de The Race, épreuve sportive délirante où des catamarans géants dernier cri s'en vont régater entre les quarantièmes rugissants et les cinquantièmes hurlants, le milliardaire se lance immédiatement dans la construction du plus grand catamaran du monde. Objectif : battre tous les records possibles, encore et toujours. Le voilier de 27 tonnes au profil d'avion, construit dans le plus grand secret en Nouvelle-Zélande, mesure 38 mètres de long pour 18 mètres de large et se retrouve propulsé, au près, par 673 mètres carrés de voile grâce à un mât de 41 mètres. C'est deux fois la taille de l'obélisque de la Concorde à Paris. Le joyeux quinquagénaire hyperactif se frotte les mains, il compte bien partir à la chasse de nouveaux records, cette fois océaniques.

Recordman de l'Atlantique

Mais l'aventure débute mal. Contraint à l'abandon pour des raisons techniques, le voilier ne termine pas la folle régate de The Race. Steve Fossett compte bien prendre sa revanche sur l'Atlantique Nord. L'excentrique milliardaire souhaite battre le record de traversée d'ouest en est détenu depuis 11 ans par le Français Serge Madec. En choisissant une fenêtre météo parfaite au départ de New York, l'Américain inscrit son voilier dans l'histoire de la navigation en pulvérisant le record de la traversée de l'Atlantique en 4 jours, 17 heures et 28 minutes, soit deux jours de mieux que le précédent record. La performance de l'équipage est saluée tous azimuts. Le record tiendra cinq ans jusqu'à ce que Bruno Peyron lui ravisse sur le catamaran *Orange II* en 2006 en 4 jours, 8 heures et 23 minutes. Le record actuel est détenu depuis 2009 par Pascal Bidégorry sur le trimaran *Maxi Banque Populaire V* en 3 jours, 15 heures et 25 minutes.

À gauche : Steve Fossett, un milliardaire américain boulimique de records et de tours du monde en tous genres.

En haut : Le maxi-catamaran *Playstation* fut en son temps le plus grand catamaran du monde.

Play

Toute l'équipe de *PlayStation* en bagarre pour battre le record du tour du monde à la voile.

En haut : Fossett a équipé son *PlayStation* de toutes les dernières innovations technologiques.

Ci-dessus : Déjà détenteur du record de l'Atlantique, le catamaran *Cheyenne* (ici avec tout l'équipage du record), ex-*PlayStation*, est le premier à descendre en dessous de la barre des 60 jours autour du monde, soit 58 jours, 9 heures et 32 minutes.

À droite : Steve Fossett possède 116 records mondiaux dans 5 disciplines, il est surnommé « le recordman des records ».

En bas : *PlayStation* avale les milles avec une facilité déconcertante.

Cheyenne de vie

Sponsorisé par Sony qui décide de ne pas renouveler son contrat, *PlayStation* s'appellera dorénavant *Cheyenne*. Steve Fossett l'a décidé ainsi, après tout l'Américain a les moyens de se sponsoriser himself. Ce qui n'a pas échappé au trésorier du Trophée Jules-Verne, Titouan Lamazou, qui lui réclame 30 000 €, comme il est de coutume, pour payer les frais d'inscription à l'épreuve. Car l'Américain veut, pour finir en beauté, accrocher à son palmarès un record autour du monde. Si le Trophée Jules-Verne semble bel et bien à sa portée, l'excentrique milliardaire refuse catégoriquement de régler la note qu'il juge trop lourde. Le voilà qui agace à nouveau les Bretons. En 2004, il s'élance sans signer de chèque et boucle magistralement son tour du monde en 58 jours avec son équipage de 11 personnes lancé à une moyenne à 15,5 nœuds. C'est six jours de mieux que le chrono établi par Bruno Peyron en 2002 et l'exploit, bien que couru hors cadre du Trophée Jules-Verne, est salué par le marin français. Ironie du sort, ce nouveau record n'en est pas moins officiel, mais pour être homologué par le World Speed Sailing Records Council (WSSRC), l'Américain devra quand même débourser… 10 000 euros. Après 11 années passées à relever des défis à la voile, Steve Fossett raccroche le ciré la même année et met *Cheyenne* en vente. En 2008, le milliardaire trompe-la-mort disparaît tragiquement dans le crash de son petit monomoteur en Californie lors d'une banale balade dans les montagnes de la Sierra Nevada.

PlayStation
PlayStation
PlayStation®
BALTIC
50

MICHEL DESJOYEAUX

PRB, VENDÉE GLOBE (2001)

Le brillant palmarès du « professeur » de la voile

Michel Desjoyeaux est à la course au large ce que Bruce Springsteen est au rock'n'roll. Simplement le boss. « Le professeur » ou « MichDesj » comme on l'appelle sur les pontons, est le marin solitaire le plus titré de l'histoire de la voile française et l'auteur d'une performance jamais égalée : un doublé dans le Vendée Globe, tout comme son voilier légendaire, *PRB*.

Une figure de proue

Plus voileux et plus breton que Michel Desjoyeaux ? Impossible. Le marin voit le jour à Concarneau en 1965 dans un univers de mer, à l'époque où les voiliers sont encore en bois et qu'il faut les sortir de l'eau chaque hiver pour les sécher et les repeindre. Le petit Michel en sait quelque chose, les parents tiennent une entreprise de gardiennage et de réparation de bateaux dans la vasière de Kerleven, connue aujourd'hui sous le nom de Port-La Forêt. Son père est l'un des fondateurs de l'école de voile des Glénans et le petit garçon passe son temps à bricoler sur les bateaux. À vingt ans, Michel Desjoyeaux est recruté par Éric Tabarly pour son premier tour du monde en course en équipage, la Whitbread (la Volvo Ocean Race aujourd'hui). En 1990, son camarade de promo s'appelle Jean Le Cam au Pôle Finistère Course au Large – petite école rustique de régatiers devenue la « sailing valley » de la voile – et les « majors » y préparent ensemble la Solitaire du Figaro. Trente-cinq ans plus tard, Michel Desjoyeaux l'a déjà remportée deux fois. Le voilà maintenant sur la ligne de départ du Vendée Globe sur son monocoque *PRB*, troisième du nom. Série de voiliers construite spécifiquement pour cette prestigieuse course par un sponsor vendéen, le 60 pieds vient d'être taillé sur mesure pour le marin, toujours fidèle à son esprit d'innovation : mât-aile, quille pivotante, safran relevable, rail d'écoute circulaire, dérive centrale. Pour sa première participation, *PRB 3* est un bateau innovant qui devrait faire oublier les mésaventures de *PRB 1*, classé dernier lors de l'édition de 1992, et de *PRB 2*, skippé par Isabelle Autissier et classé hors course en 1996. C'est d'ailleurs cette dernière qui souffle le nom du talentueux « figariste », Michel Desjoyeaux, à son sponsor pour lui succéder. Le conseil va s'avérer fort bien inspiré.

À gauche : Triple vainqueur de la Solitaire du Figaro (1992, 1998, 2007), double vainqueur du Vendée Globe (2001, 2009), Michel Desjoyeaux a aussi remporté la Route du Rhum (2002), la Transat anglaise (2004) et bien d'autres podiums.

En haut : La victoire au bout de la compétition lors du Vendée Globe de 2001 pour Michel Desjoyeaux.

Une régate planétaire

5 novembre 2000. Un furieux coup de tabac démonte la mer dans le golfe de Gascogne, le départ de la course doit être repoussé. À quatre jours du coup d'envoi, la pression monte pour les 24 concurrents présents sur le podium. Michel Desjoyeaux, Ellen MacArthur, Roland Jourdain, Yves Parlier, Thomas Coville ou encore Mike Golding, le nom des skippers résonne comme la promesse d'une chevauchée épique. La course est lancée pied au plancher avec Michel Desjoyeaux qui donne le tempo aux côtés de Roland Jourdain. « Je ne suis pas un aventurier, je suis un compétiteur », martèle le Breton. Au large des îles Kerguelen, dans les cinquantièmes hurlants, les vents deviennent rapidement violents. Cette fois-ci, c'est Yves Parlier qui tente de rattraper Michel Desjoyeaux en tête du classement. Sous la violence d'une vague, le mât du navigateur s'écroule sur son pont. Les règles du Vendée Globe sont claires : seul et sans assistance. L'ingénieur aux allures de Géo Trouvetou se transforme en guerrier survivaliste et mouille sur une île déserte de la Nouvelle-Zélande. Le navigateur veut à tout prix terminer la course. Il répare seul son bateau mutilé, se nourrit de moules sauvages, improvise un radeau, construit

En haut : *PRB* est le seul bateau à avoir remporté deux fois le Vendée Globe : barré par Michel Desjoyeaux en 2000-2001, barré par Vincent Riou en 2004-2005.

Ci-dessus : Le message de bonne année de Michel Desjoyeaux alors en tête de la course à l'approche du cap Horn.

À droite : Double vainqueur du Vendée Globe, *PRB* est un bateau légendaire.

En bas : Michel Desjoyaux accueille Ellen Mac Arthur qui termine à la deuxième place.

un four avec des ampoules et reprend la course 10 jours plus tard avec un gréement de fortune. Michel Desjoyeaux, lui, creuse l'écart avec sa meute de poursuivants quand le voilà privé d'électricité en plein Pacifique. Signe que les dieux de la bricole étaient de la course, Michel Desjoyeaux réussit à démarrer le moteur de son monocoque grâce à un système de poulies reliées à la grande voile. Un bon empannage et clac! le choc redémarre le moteur. Le numéro du « Professeur » est incroyable. Le 10 janvier, comme l'ont fait les anciens vainqueurs, Michel Desjoyeaux passe le cap Horn en tête, mais c'était sans compter sur les assauts d'une jeune Anglaise de 24 ans en embuscade, Ellen MacArthur, révélation de la course sur son bateau Kingfisher. Lors de la remontée de l'Atlantique, le Breton s'englue dans le Pot-au-Noir et voit sa rivale se rapprocher de jour en jour. Ellen MacArthur prend provisoirement la première place jusqu'à ce que « Mich'Desj » ne lui rende la politesse. Le duo est au coude à coude au passage de l'équateur et quand la Britannique est brutalement percutée par un OFNI, le marin peut enfin s'échapper. Le Breton fonce sur les champs alizés et termine premier aux Sables-d'Olonne devant une foule de 200 000 spectateurs. C'est la première fois qu'un solitaire réussit un tour du monde en moins de 100 jours. Avec lui désormais, 93 jours suffisent pour boucler le tour du monde par les trois caps.

PRB, un voilier de légende

« Bravo Ellen. Tu es l'un desjoyeaux du Vendée Globe ! » L'une de ces banderoles au milieu de la foule à l'arrivée de la Britannique 24 heures plus tard résume bien l'hystérie ambiante autour de la jeune navigatrice. La performance de Michel Desjoyeaux est alors éclipsée par les joues roses d'Ellen MacArthur, louée sans relâche par une presse complètement gaga de sa nouvelle héroïne pourtant deuxième du classement. Sans parler de l'incroyable réparation d'Yves MacGyver transformé en Robinson Crusoé sur son île déserte, premier prix d'acharnement et gentlemen au triomphe modeste. Au prix d'un retour pénible à manger des algues et des poissons volants faute de provisions suffisantes, il termine 13e du classement après 126 jours de galères. La France, tenue en haleine et épatée par « l'extraterrestre », laisse aussi un peu Michel Desjoyeaux en retrait. Ce dernier n'en démord pas « Je reste dans la rubrique sport, lui, il est passé dans la rubrique faits divers ». Quatre ans plus tard, Vincent Riou prend la barre de *PRB 3* et s'élance vers une nouvelle victoire au Vendée Globe, cette fois en 87 jours. De l'histoire de la course, il est le seul voilier à avoir engrangé deux victoires. Quant à Michel Desjoyeaux, c'est lors de l'édition suivante qu'il signe un exploit légendaire en remportant son deuxième Vendée Globe à la barre de Foncia. À ce jour, il reste le seul skipper à avoir réussi ce doublé et s'impose comme le marin solitaire le plus titré de l'histoire de la voile française en remportant notamment trois Figaro (1992, 1998, 2007), la Route du Rhum (2002), la Transat anglaise (2004) et deux Vendée Globe (2000-2001 et 2007-2008).

www.Bio'Bric.com
BOUYER LEROUX

HARKEN

OLIVIER DE KERSAUSON
GERONIMO •TROPHÉE JULES-VERNE (2004)

Poète et recordman

À la fois ours, poète et incorrigible grande gueule, Olivier de Kersauson semble traverser toutes les époques tel un dolmen mal léché par le sel et les embruns. Icône navale et médiatique, illustre marin breton et célèbre second d'Éric Tabarly, celui que l'on surnomme « l'Amiral », ou encore « l'abominable homme des mers », reste l'une des dernières légendes de la course au large en multicoques, une époque loin des GPS où seuls quelques livres de capitaines cap-horniers servaient encore de repères.

Un destin salé

Olivier de Kersauson voit le jour le 20 juillet 1944 dans la Sarthe dans une ambiance plutôt rigide. La famille issue de la noblesse française est du genre catholique et conservatrice, le petit vicomte grandit en Bretagne au sein d'une fratrie de huit enfants élevés au doigt et à l'œil. Le caractère déjà explosif, c'est à coup de fouet qu'il découvre la rigueur de l'éducation après-guerre et se retrouve très vite en rupture avec son milieu : « Je ne pensais pas que mes idées étaient meilleures que celles de mes parents, je pensais que les leurs ne me convenaient pas ». Après avoir décroché son baccalauréat, il s'engage dans des études supérieures. En 1964, Olivier de Kersauson a 20 ans lorsqu'il fait la connaissance d'Éric Tabarly, capitaine de Pen Duick, à bord duquel il effectue son service militaire. Devenu son second et ce, pendant dix ans, Olivier de Kersauson est de toutes les victoires : la course Sydney-Hobart, la Fastnet, la Gotland Race ou encore la Transpac. Les deux marins se passionnent pour les nouvelles technologies appliquées à la voile, ils imaginent et conçoivent des bateaux toujours plus grands et plus rapides.

À gauche : Olivier de Kersauson et son équipage de six hommes remportent après 63 jours, 13 heures, 59 minutes et 46 secondes le Trophée Jules-Verne.

En haut : *Geronimo* a un cahier des charges simple : remporter le Trophée Jules-Verne dont son skipper est un habitué.

En 1975, Olivier de Kersauson prend son envol et décide de devenir skipper de *Kriter II*, un ketch de 24 mètres. Sa première tentative de tour du monde échoue, mais le porte sur le devant de la scène médiatique. Il arme ensuite *Kriter IV* et termine quatrième de la première Route du Rhum en 1978.

Pionnier des multicoques

Avec un certain sens de l'audace et de l'innovation, Olivier de Kersauson n'hésite pas à se lancer dans l'aventure des multicoques dans les années 1980. On lui doit encore quelques innovations décisives comme le premier navire en fibre composite (le trimaran Jacques Ribourel, lancé en 1981) et le premier trimaran à flotteurs longs en 1986, Poulain, avec lequel il se place second du Tour de l'Europe en 1987. Rebaptisé *Un Autre Regard*, Olivier de Kersauson bat grâce à lui le record du tour du monde en solitaire en 125 jours en 1989. C'est un exploit pour l'époque. Le trimaran est ensuite rebaptisé *Charal*, allongé de quelques mètres en 1992, puis rebaptisé *Lyonnaise des Eaux-Dumez* en 1994 avec lequel il s'engage dans le Trophée Jules-Verne la même année.

L'ambition du Trophée Jules-Vernes

Créé en 1992, ce défi récompense l'équipage qui ne cessera d'améliorer le record du tour du monde à la voile, sans escale et sans assistance, sur une distance minimale de 21 760 milles, soit 40 300 km. Contrairement au Vendée Globe dont la première édition s'est tenue en 1989, la compétition s'affranchit des jauges et tous les bateaux peuvent y participer, sans limite de taille, et permet ainsi à des multicoques d'une puissance jamais vue de voir le jour. En 1994, l'équipage de Kersauson échoue devant Peter Blake et son catamaran *Enza New Zealand*. En lot de consolation, *Lyonnaise des eaux-Dumez* parvient à conquérir le record du monde de distance en 24 heures, soit quasiment 1000 km (520 milles). En 1996, toujours dans l'optique du Trophée Jules-Verne, les gréements du géant de Kersauson sont changés ainsi que la voilure. Rebaptisé *Sport Elec*, il reprend le trophée à Peter Blake en 1997 en 71 jours et le conserve pendant cinq ans. Parmi son

Un équipage surmotivé et une victoire au bout de la compétition.

En haut : La poésie n'empêche pas la technologie, Olivier a bardé *Geronimo* des outils de navigation les plus sophistiqués.

Ci-dessus : *Geronimo* deviendra *Sodebo Ultim'* en 2014 puis *Adagio* depuis 2023. Il continue de participer à des courses dont, en 2024, l'Arkéa Ultim Challenge qu'il finira à la 5e position, barré par Éric Péron.

À droite : *Geronimo* et Kersauson garderont le trophée pendant trois ans avant que Bruno Peyron ne l'arrache à la barre d'*Orange II* en 2005.

En bas : Pause méritée pour « l'Amiral » à la fois poète, romancier et marin. Une forte personnalité qui a séduit le grand public.

équipage, il fait confiance à un certain Thomas Coville qui signe alors le premier d'une longue série de tours du monde à la voile. Le Brestois, également passionné par les multicoques, n'aura de cesse de dédier sa brillante carrière de marin à la circumnavigation. En 2002, Bruno Peyron reprend le Trophée Jules-Verne à bord d'Orange en 64 jours. Olivier de Kersauson n'a pas dit son dernier mot.

Geronimo, le multicoque de tous les records

Pour le marin breton, toujours à l'affût des dernières innovations technologiques, c'est avec *Geronimo* que sa recherche de la performance va prendre son envol : premier maxi-trimaran de la nouvelle génération, le prototype de près de 34 mètres est à la fois conçu pour glisser au portant, maintenir sa vitesse dans le petit temps et résister aux mers dites « casse bateau ». Entièrement construit en carbone et en nid d'abeille, *Geronimo* a un cahier des charges simple : remporter de nouveau le Trophée Jules-Verne dont son skipper commence à être un habitué. Le dernier des Mohicans l'a d'ailleurs baptisé à son image, un vrai guerrier. Lors de son lancement à Brest en septembre 2001, il est alors le plus grand trimaran du monde. Olivier de Kersauson et son équipe se présentent début 2002 sur la ligne imaginaire, localisée à Ouessant, pour une première tentative. Au large du Brésil, l'équipage doit abandonner suite à des problèmes avec le safran. Après un retour en France et quelques modifications, *Geronimo* bat le record du tour des îles britanniques. De nouvelles transformations sont validées pour la prochaine tentative sur le Jules-Verne en 2003, réussie cette fois-ci, mais le record leur échappe à trois jours près. Le 25 février 2004, le multicoque d'Olivier de Kersauson s'engage de nouveau dans la bataille pour vaincre le record du monde de Bruno Peyron établi alors à 64 jours, 8 heures et 37 minutes. Le Breton ne lâche rien. À bord, onze marins se sont entraînés durant deux ans et comptabilisent à eux tous 18 tours du monde. Le 29 avril 2004, après 63 jours, Olivier de Kersauson reprend enfin le Trophée Jules-Verne à Bruno Peyron. Le truculent poète reste fidèle à sa prose très personnelle au micro des journalistes : « Enfin, c'est fait, on a la sensation d'un mec qui a été suspendu par les couilles et qu'on vient de décrocher. » Ce dernier sprint signe l'ultime tentative du marin pour ravir le record d'une course devenue presque une obsession. Vacherie de l'histoire, Bruno Peyron lui arrache à nouveau le titre l'année suivante et pulvérise son record en signant un tour du monde en 50 jours à bord d'*Orange II*.

Schneider
Electric
CAP GEMINI ERNST & YOUNG
Schneider
Electric
CAP GEMINI
ERNST & YOUNG

HERGÉ
LES AVENTURES DE
TINTIN
LE SECRET
de
LA LICORNE

JEAN-LUC VAN DEN HEEDE
ADRIEN • TOUR DU MONDE À L'ENVERS (2004)

Un loup de mer bien barré

En 2004, le skipper Jean-Luc Van Den Heede se lance dans un tour du monde à l'envers, une périlleuse route d'est en ouest contre vents et courants que seule une poignée de marins ont osé défier. Doté d'une incroyable rage de vaincre et d'un optimisme inoxydable, l'illustre navigateur boucle son périple après quatre tentatives et 122 jours en mer. Son record reste, à ce jour, invaincu.

Une histoire de fou

L'idée commence à germer dans la tête de Jean-Luc Van Den Heede en 1993. À 48 ans, l'ancien prof de maths au gabarit de Viking vient de boucler son deuxième Vendée Globe. Ce jour-là, il tient dans ses mains de colosse la curieuse lettre d'un navigateur australien. Ce dernier veut lui racheter son bateau pour battre le record du tour du monde à la voile à l'envers et en solitaire, le Global Challenge. Si la plupart des navigateurs privilégient le tour du monde dans le même sens, d'ouest en est, c'est parce que les vents et les courants dominants y poussent les bateaux qui gagnent en vitesse. La plupart des courses océaniques empruntent ce chemin, les voiliers descendent l'Atlantique et piquent à gauche au cap de Bonne-Espérance, direction l'océan Indien. Mais les marins peuvent aussi faire le tour du monde « à l'envers », et prendre tous les éléments à contre-courant. Il suffit de descendre l'Atlantique, piquer à droite au cap Horn et rentrer directement dans le Pacifique en serrant les dents. Et c'est bien tout le dessein de cet Australien qui veut convaincre le Français de lui vendre son bateau. Pour lui, son yawl *Helvim* est la perle rare pour battre le record établi par le Britannique Chay Blyth il y a 22 ans en 292 jours. Décidément, les voiliers de Jean-Luc Van Den Heede, dit « VDH », ont la cote. Isabelle Autissier qui avait racheté son monocoque *36.15 MET* et avec lequel il a participé à la première édition du Vendée Globe, l'a rendu célèbre en devenant la première femme à boucler un tour du monde à la voile. Maintenant, voilà qu'un Australien veut battre un nouveau record du monde avec son dernier bateau. Neptune ne serait-il pas en train de lui lancer la pire des invitations ? Mais pour le moment, Jean-Luc Van Den Heede a d'autres chats à fouetter, dont le BOC Challenge, tour du monde en solitaire par étapes, qu'il court en 1994 et 1995. Entre-temps, le navigateur britannique Mike Golding explose le record du monde à l'envers en 1994 et boucle cet « impossible voyage » en 161 jours, soit 131 jours de moins que le précédent chrono. En 1997, l'idée d'un tour du monde à l'envers a fait son petit bout de chemin dans la tête de VDH. Le solitaire se lance.

À gauche : Capitaine Haddock ? Non, c'est bien Jean-Luc Van Den Heede, marin accompli et détenteur du record du plus grand nombre de passages du cap Horn en compétition, avec un total de 12 passages.

En haut : Retour aux Sables-d'Olonne pour *Adrien*, le voilier de Jean-Luc Van Den Heede, après sa victoire au Global Challenge.

Adrien, un bateau taillé pour ce défi

VDH le sait, un gros pourcentage de sa réussite réside dans la préparation de sa course. Il se met en quête du bateau idéal pour une telle épreuve et opte finalement pour son yawl convoité par l'Australien qu'il rebaptise au nom de son sponsor *Algimouss*. Il va le modifier, notamment en raccourcissant son mât de 3 mètres et le tester grandeur nature pendant la Route du Rhum en 1998 où il termine deuxième de la course. Impeccable. Peu de temps après, il apprend qu'un autre navigateur français, Philippe Monnet, s'apprête aussi à relever le défi du tour du monde à l'envers. Plus on est de fous, plus on navigue, paraît-il. Le jour de son départ, le 7 octobre 1999, le marin compte déjà quatre tours du monde à son actif, deux Vendée Globe et deux BOC Challenge, mais seulement trois marins, eux, ont réussi ce défi réputé difficile. Pour réussir à remonter son bateau face au vent autour du globe, il va falloir tirer des bords, c'est-à-dire zigzaguer inlassablement pour le faire avancer. Et au lieu de surfer sur les vagues, le bateau va buter contre elles, mais aussi contre le vent, ralentissant ainsi sa course et fragilisant sa carène. Et dès sa première tentative, le marin en fait la malheureuse expérience. Le navigateur constate une voie d'eau dans sa coque à l'entrée du Pacifique. Le voilà contraint d'abandonner. *Algimouss* étant déjà vendu pour le prochain Vendée Globe, VDH se met en quête de trouver des sponsors pour fabriquer un nouveau voilier spécialement taillé pour ce défi. C'est ainsi qu'*Adrien* voit le jour et il

Ci-dessus : 12 passages du cap Horn, 6 tours du monde en solitaire dont un à l'envers, champion du monde IMOCA, Jean-Luc Van Den Heede possède un palmarès impressionnant. À 73 ans, il boucle son 6ᵉ tour du monde en solitaire.

À droite : 11 mars 2004, Jean-Luc Van den Heede fête sa victoire en entrant dans le port des Sables-d'Olonne. Le record du tour du monde à l'envers de Jean-Luc Van den Heede tient depuis plus de 20 ans.

En bas : *Adrien* a été conçu spécialement par Gilles Vaton pour remporter le Global Challenge, le tour du monde à l'envers en solitaire.

est loin d'être un fameux trois-mâts fin comme un oiseau comme le chante son parrain, Hugues Aufray ! C'est un robuste monocoque de 25 mètres de long, 5,50 mètres de large et composé d'une coque en aluminium fin prête à avaler les mers du Sud à l'envers. Le départ est prévu en octobre 2001, deux ans après sa première tentative. Philippe Monnet entre-temps a réussi son pari et ramené le record à 151 jours. Malheureusement, VDH est à nouveau contraint d'abandonner dans le Pacifique lors de sa deuxième tentative, la quille du monocoque s'est littéralement désolidarisée du bateau. En 2002, le bateau est réparé et le 3 novembre, le marin enthousiaste s'élance pour son troisième essai. Une fois passé le cap Horn et avec 14 jours d'avance sur le record actuel, il traverse confiant l'immense océan Pacifique. Mais une dépression au large de l'Australie anéantit son rêve, il démâte. Pour la troisième fois, le navigateur est contraint à l'abandon malgré ses 18 jours d'avance à mi-parcours. Mais VDH est une tête de bourrique, un prof de maths pour qui chaque problème a sa solution. Voilà quatre années qu'il consacre toute son énergie à ce défi, il n'abandonnera pas.

3 fois par terre, 4 fois débouté

Emporté par son optimisme inoxydable, VDH s'élance des Sables-d'Olonne en novembre 2003. Le vieux loup de mer a cette route dans la peau, il s'est de nouveau préparé à l'affronter avec toute la rigueur et le pragmatisme qui le caractérisent. Au 14ᵉ jour de son périple, le voilà qui franchit l'équateur. Il dort par tranche de 1 h 30 voire 2 h et se plonge dans les articles du *Canard enchaîné* durant son temps libre quand il n'écoute pas Pink Floyd en bon fan de rock. Dans le Pacifique, les dépressions s'enchaînent et le navigateur reste attentif. Après la coque, la quille et le mât, que pourrait-il lui arriver cette fois-ci ? Au large de l'Australie, il repasse fébrilement là où *Adrien* a démâté l'année dernière et traverse l'océan Indien avant de rejoindre le cap de Bonne-Espérance avec, cette fois-ci, 26 jours d'avance. Il franchit l'équateur pour la 15ᵉ fois de sa carrière, traverse le Pot-au-Noir et enfin, aperçoit les feux d'un phare à 2 h du matin. Au large d'Ouessant, le navigateur franchit la ligne d'arrivée virtuelle au bout de 122 jours en mer. Cette fois-ci, le pari est réussi et le marin établit même un nouveau record du monde, à ce jour toujours inégalé malgré les tentatives successives. Toujours aussi déterminé et enthousiaste, le marin remporte en 2019 la Golden Globe Race, tour du monde vintage au sextant qui célèbre le mythique pari lancé en 1968 par le journal britannique *The Sunday Times*. En bouclant ce 6ᵉ tour du monde, il remporte à 73 ans, et après 212 jours en mer, sa première victoire en 42 ans de carrière.

SIMRAD
MARINE ELECTRONICS

RECORD
SNSM
SAINT-NAZAIRE - SAINT-MALO

ELLEN MACARTHUR

B&Q/CASTORAMA • TOUR DU MONDE EN SOLITAIRE (2005)

À donf

En 2005, une jeune Britannique bat un exploit que seul un marin sur terre a accompli : un tour du monde en multicoque sans escale de 71 jours. Sur son voilier, Ellen MacArthur inscrit son expression favorite « à donf » car telle était sa devise pour faire tomber ce record incroyable.

Les pionniers

Si certaines courses sont des sprints, un tour du monde est sans nul doute à l'image d'un marathon. C'est un défi ultime, gratifiant pour le marin, mais exigeant, nécessitant une endurance et une vigilance à toute épreuve. Et à ce petit jeu, les monocoques se sont pendant longtemps taillé la part du lion. Parce que s'élancer sur trois coques, telle une « libellule » dans les mers du Sud pavées d'icebergs en fonçant droit devant, les multis plus véloces, mais plus fragiles, s'y sont souvent cassés les dents. Ils sont pourtant trois marins à avoir tenté l'aventure, mais sans jamais réussir d'une seule traite : Alain Colas réalise le premier tour du monde en solitaire en multicoque en 1973 avec l'ex-*Pen Duick IV* rebaptisé *Manureva* en 169 jours. Philippe Monnet sur *Kriter* descend le record à 129 jours en 1988 et Olivier de Kersauson sur *Un autre regard* boucle sa circumnavigation en 125 jours l'année suivante. En 2003, Francis Joyon prend les commandes d'*Un Autre Regard* devenu *Sport Élec* d'Olivier de Kersauson et modifie le maxi trimaran de 27 mètres pour le rendre navigable en solitaire. Sur son trimaran rebaptisé *Idec*, Francis Joyon devient le premier marin au monde à boucler une circumnavigation en solitaire en trimaran, 72 jours autour du monde d'une traite à une vitesse moyenne de 16 nœuds (30 km/h) quand ses prédécesseurs affichaient 10 nœuds de moyenne (18 km/h). À 47 ans, Francis Joyon est applaudi par ses pairs, l'admiration est totale. De l'avis de nombreux observateurs, ce chrono jugé pour longtemps imbattable peut s'endormir sur ses deux écoutes. Mais au-delà des frontières de l'Hexagone, son incroyable exploit n'a pas échappé à une jeune Britannique.

À gauche : Légende vivante dans le monde de la navigation, Ellen MacArthur laisse derrière elle un palmarès-fleuve malgré une courte carrière.

En haut : *B&Q/Castorama* a prouvé qu'il était dans le coup en battant le chrono monumental de Francis Joyon.

Débarquement immédiat sur la planète mer

Visage poupin et coupe à la garçonne, Ellen MacArthur a ravi le cœur du grand public en France malgré sa nationalité britannique, exploit numéro 1. Non contente de terminer deuxième du Vendée Globe en 2001 à l'âge de 24 ans, exploit numéro 2, laissant par ailleurs derrière elle quelques vieux loups de mer vexés, elle remporte l'année suivante la Route du Rhum en catégorie monocoque. *So crazy !* Du haut de son 1,57 m, la jeune femme impressionne par son immense talent et rivalise avec les plus grands cadors du milieu malgré son jeune âge. Toujours « à donf », la marinette est de toutes les courses (Mini Transat, Transat anglaise, Course de l'Europe, Transat Jacques-Vabre) et se lance même à l'assaut du Trophée Jules-Verne, mais un démâtage au large des îles Kerguelen sonne le glas de son aventure. La jeune navigatrice anglaise, qui a tiré ses premiers bords

castorama
B&Q
B&Q
castorama

Préparation méticuleuse, trimaran redoutable d'efficacité et marin hors du commun, le record du monde en solitaire en trimaran ne pouvait pas échapper à la Britannique surdouée.

En haut : Ellen MacArthur célèbre sa victoire en arrivant au port de Falmouth.

Ci-dessus : *B&Q/Castorama* aura parcouru le globe en 71 jours, 14 heures, 18 minutes et 33 secondes.

À droite : Le record du monde en solitaire de 2005 restera sa dernière grande victoire sur le trimaran de 75 pieds *B&Q/Castorama*.

En bas : 2005 sera sa dernière année de compétition au haut niveau. En 2010 elle mettra définitivement fin à sa carrière sportive.

à l'âge de quatre ans, rêve dorénavant de battre des records de vitesse en solitaire. Elle se lance alors dans un défi périlleux : braver les mers du Sud en multicoque et boucler un tour du monde par les trois caps. Les quelques marins qui s'y sont frottés ont tous échoué. Pour mettre toutes les chances de son côté, elle se fait construire un trimaran sur mesure dont l'unique objectif est de décrocher ce record. En 2004, la Britannique se fait couper l'herbe sous le pied quand le Français Francis Joyon parvient à boucler ce périple avant même qu'elle n'ait eu le temps de s'élancer.

Lancé en orbite pendant 71 jours

B&Q/Castorama est mis à l'eau à Sydney en 2004. Le bateau de 75 pieds (23 mètres) est muni d'un mât de 30 mètres taillé pour son défi et fiabilisé pour son périlleux voyage comme l'assure son équipe : « Ce n'est pas une Ferrari préparée pour un grand prix de Formule 1, mais un 4 × 4 équipé pour le rallye Paris-Dakar. » Avec une grand-voile de 160 m² qui pèse 160 kg, vingt minutes sont nécessaires pour prendre un ris. Pour prendre confiance en son bateau, Ellen MacArthur effectue un demi-tour du monde en équipage jusqu'aux îles Malouines puis barre sa monture en solitaire de New York pour une tentative de record de la traversée de l'Atlantique Nord d'ouest en est. Elle échoue de 1 h 15 seulement. Lorsqu'elle s'élance pour battre le record de Francis Joyon, il déclare : « Il n'y a aucune question à se poser, elle assurera sans problème ». Le navigateur avait vu juste. Le 7 février 2005, Ellen MacArthur franchit la ligne d'arrivée lancée à près de 20 nœuds. La Britannique bat le record du tour du monde en solitaire en trimaran en 71 jours, améliorant le temps de Joyon de 32 heures au prix d'une traversée difficile mais « à donf », car telle était sa devise. Sa performance n'efface pas celle de Francis Joyon, parti avec un budget sans comparaison, sans routeur et sur un bateau bien plus vieux et lourd conçu pour un équipage. Mais le marin, homme de records par excellence, y trouve une parfaite excuse pour y retourner en 2008 et signe un nouvel exploit en 57 jours. Ellen MacArthur, entre-temps anoblie par la reine d'Angleterre, est présente dans la foule pour le féliciter. Après ce record, la Britannique déserte les compétitions et met un terme à sa carrière en 2010. À 33 ans, elle crée sa fondation pour défendre un avenir durable grâce à l'économie circulaire et mène sa « deuxième » vie avec autant de détermination que ses 10 ans de courses au large qui ont fait d'elle une véritable légende vivante.

Team plastique

ALESSANDRO DI BENEDETTO

FINDOMESTIC • TOUR DU MONDE EN SOLITAIRE (2009)

Le tour du monde sur un voilier de 6,50 m

Si une centaine de solitaires ont aujourd'hui accompli des tours du monde à la voile sans escale, un seul marin l'a fait sur un bateau de 6,50 mètres, Alessandro Di Benedetto. Grâce à cet exploit, le navigateur franco-italien perpétue la tradition du marin aventurier et établit un temps de référence pour les nouvelles générations. À ce jour, son record de 9 mois en mer à bord de son mini reste toujours inégalé.

Des débuts en Hobie Cat

Alessandro di Benedetto monte pour la première fois sur un bateau à l'âge de 6 ans et s'attaque très vite à des compétitions en optimist et en planche à voile. À l'âge de 20 ans, il réalise l'improbable traversée de l'Atlantique aux côtés de son père sur un Hobie Cat baptisé *United States of the World*, petit catamaran de club de voile de moins de 6 mètres. Il faut s'imaginer avancer à la force du vent sur un engin de plage sans cabine pendant 23 jours sur 3 700 km, un projet surréaliste. Devenu instructeur de voile et formé à l'archéologie sous-marine en Sicile, le navigateur parcourt le monde et profite de sa passion du large pour embarquer ses projets hors norme dans son sillage. En 2001, il multirécidive sur son Hobie Cat de 6 mètres et établit des premières mondiales en traversant l'Atlantique et le Pacifique en solitaire sur son catamaran de sport. Comment le navigateur fait-il pour dormir et stocker sa nourriture ? Comment peut-on humainement résister à une telle aventure ? Alessandro Di Benedetto y répond en publiant en 2004, *Solo, l'Incroyable Traversée*. Après ces records pour le moins surprenants, l'aventurier s'attaque désormais à un nouveau projet tout aussi ambitieux, un tour du monde à la voile en solitaire. Mais le marin a une idée précise en tête, battre le record détenu par Suhaili, le bateau de 9,75 mètres de Sir Robin Knox-Johnston qui boucla en 1969 le premier tour du monde par les trois caps sans escale après 313 jours en mer.

Ni moteur ni générateur

Pour ce projet un peu fou, l'Italien compte emprunter le même itinéraire que les concurrents du Vendée Globe sur son bateau de 6,50 mètres, une taille dont il commence, vous l'aurez compris, à s'être habitué. Le navigateur s'installe aux Sables-d'Olonne, une ville où le départ d'un tour du monde à la voile prend une saveur particulière. Il arme un voilier de la classe Mini 6.50 qu'il baptise *Findomestic* et le reconditionne pour se préparer aux rudes conditions de navigation dans l'océan Austral. Pendant un an, le marin italien se prépare sans relâche. Il commence par ajouter un espace de vie protégé à l'arrière du cockpit qui lui permettrait à la fois de barrer en intérieur en cas de mauvais temps et d'assurer l'insubmersibilité de son bateau en cas de retournement. Beaucoup restent sceptiques quant à la fiabilité de son bateau, mais le marin poursuit son ambition en se servant de la peur comme moteur, il le définit lui-même comme un « stress positif ». Le

À gauche : Alessandro Di Benedetto et Team Plastique (IMOCA) au départ du Vendée Globe en 2012.

En haut : *Findomestic Banca 6* est un prototype Mini de 1995, avec une longueur de coque de 6,5 mètres, dessiné par Pierre Rolland et construit en contreplaqué par Ollivier Bordeau.

navigateur prépare des centaines de checklists pour connaître son bateau sur le bout des doigts, car il le sait, c'est dans la préparation de son bateau que réside la clef de son succès. La coque est renforcée, le mât raccourci, et *Findomestic* naviguera sans moteur ni générateur. Le jour du départ, le bateau est surchargé : le marin emporte 250 kg de nourriture lyophilisée et 600 kg d'équipement de secours, de quoi tenir environ 10 mois.

Une coque de noix lancée dans les mers du Sud

Le skipper s'élance des Sables-d'Olonne le 26 octobre 2009, près d'un an après les concurrents du « vrai » Vendée Globe. Son bateau est trois fois plus petit que ceux de la compétition – 6,50 m au lieu de 18,28 m – mais sa volonté est aussi grande que les milles qu'il doit parcourir. Pour ce défi d'envergure, il compte établir un temps référence le long de ces 22 000 milles (40 000 km) et en profitera pour prendre quelques photos. La descente de l'Atlantique jusqu'au cap de Bonne-Espérance se déroule tranquillement à une moyenne de 5 nœuds, mais c'est en rentrant dans les mers du Sud que son bateau va être mis à l'épreuve. Rafales à 50 nœuds, déferlantes de 10 mètres, l'ambiance est anxiogène et le marin au mental d'acier doit autant s'accrocher à son rêve qu'à sa carlingue. Moment fort de son périple, le démâtage de son bateau seize jours avant le cap Horn et le bricolage inventif d'un gréement de fortune pour reprendre la route. Après 9 mois d'isolement en mer, soit 268 jours autour du monde, le marin est reçu en héros à son retour aux Sables-d'Olonne. L'exploit est si grand qu'on le nomme citoyen d'honneur de la ville. Depuis ce jour, il est le seul marin au monde à avoir bouclé un tour du monde à la voile sans escale par les trois caps sur un si petit bateau. Les curieux iront tout de même s'intéresser au cas du marin biélorusse Yevgeny Gvozdev et son tour du monde à bord d'un bateau lilliputien de 3,70 m… En 2012, Di Benedetto publie le récit de sa nouvelle aventure, *Autour du monde sur un voilier de 6,50 mètres* et s'inscrit définitivement comme un aventurier des vents modernes. Séduit par sa personnalité, un sponsor lui propose de participer à l'édition 2012-2013 du Vendée Globe. Seul skipper amateur de cette prestigieuse compétition et bizuth, Alessandro Di Benedetto s'y classe fièrement dernier après 104 jours en mer.

En haut : Le tour du monde en solitaire d'Alessandro di Benedetto, en 268 jours, sans escale ni assistance sur un aussi petit voilier reste un exploit.

Ci-dessus : Avant le cap Horn, son mât se brise et Di Benedetto va continuer le reste de son périple avec un gréement de fortune.

En haut droite : Parti le 26 octobre 2009 des Sables-d'Olonne, le marin italien y fera son retour le 22 juillet 2010.

En bas droite : Pour assurer l'insubmersibilité du bateau, une cellule de survie a été ajoutée au cockpit arrière, la coque a été renforcée par un parement carbone et kevlar, le mât et l'intérieur restructurés en cloisons étanches.

En bas : Petit mais costaud. *Findomestic* a été renforcé pour affronter les mers du grand Sud.

Findomestic
banca
NAUTICOM
VIKING
nke
antal
YACHT PAINTS
CLS

antal
Findomestic
YACHT PAINTS
BELLOTTI
VIKING
LIFE-SAVING EQUIPMENT
MG
CLS
nke

oupama

FRANCK CAMMAS

GROUPAMA 3 • ROUTE DU RHUM (2010)

Une démonstration inattendue

De ces années de prépa math sup et math spé, le brillant Franck Cammas aura gardé la rigueur et la discipline du travail. Marin exigeant et minutieux, l'Aixois aligne l'un des plus gros palmarès de la voile moderne sur toutes les mers du monde. C'est lors de la Route du Rhum en 2010 que le marin révolutionne le monde de la course au large en présentant le premier trimaran géant équipé de foils, Groupama 3. La classe Ultim était née.

Naissance d'un géant

C'est en découvrant par hasard un livre d'Éric Tabarly que Franck Cammas s'enthousiasme dès 10 ans pour le milieu de la voile : « Des pages et des pages étaient consacrées à la préparation du bateau, à sa conception, à l'optimisation… Fascinant ! ». Chez les Cammas, si les week-ends se passent plutôt dans l'arrière pays d'Aix-en-Provence à randonner, le jeune homme décide, lui, de suivre des stages de voile à Marseille. Il poursuit les exigeantes classes préparatoires math sup et maths spé, mais rate ses concours d'entrée dans les écoles d'ingénieur. Pour ne pas redoubler, il intègre l'Institut nautique de Bretagne à Concarneau où sont formés les chefs de bases nautiques. Mais un coup du hasard va accélérer son destin. Le Challenge Espoir Crédit Agricole, rampe de lancement pour jeunes marins finistériens, donne sa chance à douze jeunes skippers. Franck Cammas tente la sienne, mais comme il n'est pas du sérail breton, sa candidature est révoquée. Par un coup du destin, un désistement lui permet de s'aligner parmi les 11 autres concurrents. Le jeune Méditerranéen, totalement inconnu et loin d'être aguerri au solitaire, gagne la course sous les yeux stupéfaits des Armoricains. Franck Cammas intègre alors la prestigieuse école de Pôle Finistère de Course au Large, vitrine de l'excellence bretonne en matière de fabrique de champions océaniques, et se perfectionne au contact des cadors de l'école, dont un certain Michel Desjoyeaux. Tout s'enchaîne. Le jeune skipper participe quatre fois à la Solitaire du Figaro jusqu'à sa victoire en 1997. À l'âge de 24 ans, Franck Cammas s'impose comme un phénomène de la voile.

À gauche : Skipper hyperactif, pragmatique et minutieux, Franck Cammas a remporté presque tout ce qu'il a tenté. En 2020, il est élu Marin de la Décennie par la Fédération française de voile.

En haut : *Groupama 3* est le premier trimaran de course à être équipé de foils.

Route du Rhum 2010, la genèse des Ultim

Un an plus tard, le skipper se retrouve à la barre de son premier trimaran à seulement 25 ans, *Groupama*. Après de nombreuses victoires et la construction de *Groupama 2*, son sponsor fait surgir de l'océan un voilier taillé pour son héros, *Groupama 3*, un maxi-trimaran de 31,50 mètres destiné à un programme de records océaniques. Le voilier au profil archimédien ne « vole » pas, mais s'impose comme le premier grand multi à être équipé de foils, capable de faire le tour du monde, un voilier puissant, mais léger et surtout, très polyvalent. Après une campagne de record sur l'Atlantique mené avec un certain succès, Franck Cammas décroche le Trophée Jules-Verne en 2010 (48 jours, 7 heures et 44 minutes) et bat le chrono de 50 jours établi par Bruno Peyron sur Orange II en 2005. Galvanisé par cet exploit, Franck Cammas relève le défi de courir sa 4e Route du Rhum qui s'obstine à lui échapper. Le marin modifie son pur-sang pour l'adapter à la navigation en solitaire, les organisateurs de la course ayant décidé cette année d'ouvrir la transat à une nouvelle classe de trimarans géants baptisée Ultime (le -e disparaîtra plus tard). Pour l'occasion, *Groupama 3* est modifié : allègement du bateau – 2 tonnes quand même ! – mât raccourci et parmi les curiosités, un cadre de vélo qui permet de faire tourner les winchs en pédalant. En théorie, *Groupama 3* est le plus rapide de la flotte, mais en pratique, c'est aussi le plus difficile à manœuvrer en solitaire. Malgré le scepticisme de nombreux traînes-pontons, Franck Cammas s'impose à Pointe-à-Pitre en 9 jours, 3 heures et 14 minutes devant les redoutables Francis Joyon et Thomas Coville, pourtant favoris de la course. Loïck Peyron et Francis Joyon confirment sur les Route du Rhum 2014 et 2018, en remportant la course à la barre du même bateau, que *Groupama 3* est un champion hors norme. Il est à ce jour le bateau le plus titré de la course au large.

Franck Cammas et son équipage affolent le chrono du Trophée Jules-Verne en 2010 : 48 jours, 7 heures et 44 minutes, c'est deux jours de moins que le record détenu par Bruno Peyron depuis 2005.

Groupama
Groupama
3

En haut : En 2010, Franck Cammas remporte la Route du Rhum sur un *Groupama 3* modifié pour la course en solitaire.

Ci-dessus : Franck Cammas s'est élancé seul sur *Groupama 3*, un voilier conçu en théorie pour un équipage de 10 personnes.

À droite : Transat Jacques-Vabre, championnat du monde ORMA, Trophée Jules -Verne, Route du Rhum, Ocean Volvo Race, rien ne résiste à Franck Cammas ! Sauf le Vendée Globe qu'il annonce courir pour la première fois lors de la onzième édition prévue en 2028.

En bas : *Groupama 3* est un maxi-trimaran de 31,50 mètres. Mis à l'eau en 2006, il était surtout destiné à un programme de records.

Le vol, un changement de paradigme

Suite aux performances exceptionnelles de *Groupama 3*, un nouveau paradigme s'opère. Coureurs et armateurs vont se structurer pour catégoriser la future classe des trimarans géants baptisés Ultim, des bateaux de 32 m de long sur 23 m de large, champions par leurs dimensions, leur exigence et leur faculté à raccourcir les distances. Pour l'élite des champions océaniques se voyant déjà à la barre de ces géants des mers, il ne s'agit plus de traverser l'Atlantique, mais bel et bien de faire le tour de la planète en volant sur l'eau. Dans cette course au gigantisme, certains vont y perdre leur plume, car si Icare tente par tous les moyens de faire la peau à Archimède, cette classification écarte des courses ex-*Banque Populaire V*, rebaptisé *Spindrift 2*, plus grand trimaran de course au monde imaginé par Pascal Bidégorry avec ses 40 mètres de long ou encore l'ex-*B & Q/Castorama*, rebaptisé *Use it Again*, laissant ces laboratoires high-tech flottants mener exclusivement des campagnes de records océaniques. La génération suivante de voiliers, amorcée avec l'extraordinaire *Macif* de François Gabart, monte sur ces foils pour « voler » autour du monde et décroche le record du solitaire le plus rapide à en faire le tour en 42 jours. Fruit d'un long processus intellectuel, technologique et sportif depuis la Route du Rhum 2010, les Ultim dessinent une nouvelle fresque de la course au large.

Un marin d'exception

Franck Cammas poursuit une carrière exceptionnelle de coureur au large : vainqueur de la Transat Jacques-Vabre (2001, 2003, 2007, 2021), six titres de champion du monde ORMA (2000, 2001, 2003, 2004, 2006, 2007), champion du monde Multi-Cup (2006), détenteur du Trophée Jules-Verne (2010), vainqueur de la Route du Rhum (2010), vainqueur de la Ocean Volvo Race (2011-2012) ou encore vainqueur de la Fastnet Race (2020). À ce titre, Franck Cammas est élu Marin de la Décennie en 2020 par la Fédération française de voile.

ama

GUPP

LAURA DEKKER

GUPPY • TOUR DU MONDE EN SOLITAIRE (2010)

Un tour du monde en solitaire à 14 ans

À 14 ans, une jeune Néerlandaise s'élance dans un tour du monde à la voile en solitaire à la barre de son deux-mâts de 11,40 m baptisé *Guppy*. Elle devient la plus jeune navigatrice à réaliser un tel exploit.

Du sel dans le sang

Née sur un voilier en Nouvelle-Zélande alors que ses parents effectuent un tour du monde à la voile, Laura Dekker passe les premières années de sa vie à naviguer auprès de son père néerlandais et de sa mère allemande. Après l'acquisition de son premier Optimist à six ans, la petite fille affiche tout de suite ses ambitions. À 8 ans, elle déclare vouloir préparer un tour du monde à la voile et à treize ans, elle traverse la Manche en solitaire. Revenue vivre aux Pays-Bas, elle s'entraîne pour battre un record toutefois non homologué, celui de Jessica Watson, une Australienne qui vient de boucler un tour du monde sans escale et sans assistance par les trois caps trois jours avant ses 17 ans. Laura Dekker veut battre ce record officieux et s'imposer comme la plus jeune navigatrice au monde à réaliser une telle aventure. Un périple de deux ans parsemé d'escales qu'il faut réussir avant ses 17 ans. Dans le petit cercle de la course au large, son itinéraire en sauts de puce par le canal de Panama avec escales sans passer par les trois caps relève plus de l'aventure humaine que de l'exploit sportif, mais peu lui importe, la jeune fille est déterminée à inscrire son nom dans les livres, pour preuve. Avec l'aide de sa famille, elle achète et retape un deux-mâts de 11,50 m qu'elle nomme *Guppy* et lance son projet.

À gauche : Laura Dekker et son ketch de 11,40 m : *Guppy*.

En haut : La navigatrice à son arrivée à Saint-Martin, aux Antilles, le 21 janvier 2012. Si Laura Dekker est bien la plus jeune navigatrice à avoir effectué un tour du monde à la voile, une autre navigatrice, Jessica Watson, reste la plus jeune navigatrice à avoir effectué un tour du monde à la voile et sans escale en passant par les trois caps.

La polémique

Les rêves de mer de la jeune fille arrivent aux oreilles des services de la protection de l'enfance qui n'entendent pas du tout les sirènes de la gloire taper à son ponton, mais plutôt celles des secours. Ils s'opposent tout de suite à cette idée. Le voyage étant jugé trop dangereux, ils obtiennent la suspension du départ grâce à une mesure de justice et jugent les parents « irresponsables » alors que l'adolescente est placée sous tutelle. Les rebondissements rocambolesques s'enchaînent et font les choux gras des journaux aux Pays-Bas. La justice décide d'ouvrir une enquête pour évaluer les risques d'un tel voyage sur le développement social et affectif de la jeune fille. Obstinée, Laura plaide devant les tribunaux pour lever l'ancre et jure de sa bonne approche du projet grâce à la fiabilité de son bateau, de ses capacités physiques et mentales ainsi que de sa maturité pour mener à bien son ambition. Les juges finissent par établir une série de conditions pour autoriser son départ dont l'obtention d'un brevet de secourisme, de dispositions pour poursuivre sa scolarité en mer et de cours sur la gestion du sommeil. Après un an de bataille judiciaire, un tribunal néerlandais l'autorise finalement à prendre la mer, estimant que cette décision devait revenir à ses parents. Laura a le feu vert.

Pas de record, mais un exploit

La jeune fille quitte Gibraltar seule à la barre de son ketch, un Gin Fizz Jeanneau baptisé *Guppy*, pour rallier, après 519 jours de voyage autour du globe, l'île de Saint-Martin aux Antilles. En 2012, elle devient ainsi à 16 ans la plus jeune navigatrice à réaliser le tour du monde en solitaire. Contrairement à Jessica Watson, elle n'est pas passée par les trois caps et s'est autorisé de nombreuses escales. Le record de Laura Dekker restera tout comme le sien officieux, le Guinness World Records refusant depuis 2009 de reconnaître les records effectués par des mineurs, considérés comme « peu appropriés ». Depuis 2018, Laura Dekker a créé la fondation Laura Dekker World Sailing Foundation avec laquelle elle embarque des adolescents en difficulté à travers toutes les mers du globe sur son nouveau voilier, « *big* » *Guppy*.

FRANÇOIS GABART

MACIF • VENDÉE GLOBE (2012-2013)

L'enfant prodige

Plus jeune vainqueur de la 7e édition du Vendée Globe à l'âge de 29 ans, François Gabart bouscule par son nouveau record les anciennes gloires du large et incarne la nouvelle génération de marins à la fois ingénieur, entrepreneur, sportif de haut niveau, visionnaire et skipper de génie.

Des rêves larges dès l'enfance

Né le 23 mars 1983, François Gabart tire ses premiers bords sur des plans d'eau près d'Angoulême. En 1989, ses parents décident de s'offrir une année sabbatique en famille sur un voilier, ce voyage initiatique va profondément marquer le futur navigateur. Le Charentais suit des études d'ingénieur en génie mécanique et lance en parallèle sa carrière de régatier dans le circuit olympique où il décroche plusieurs titres internationaux. Mais l'appel du large en solitaire se fait vite ressentir. Il obtient le titre « Espoir Région Bretagne » en 2008-2009 et termine premier bizuth de la Solitaire du Figaro en 2008. Tout s'enchaîne rapidement. Il s'installe en Bretagne et s'entraîne au Pôle Finistère Course au Large à Port-la-Forêt, sorte de « sailing valley » des coureurs d'océans où se forgent marins et bateaux d'exception. Son brillant palmarès finit par taper dans l'œil de l'un de ses majors devenu un cador de la voile, Michel Desjoyeaux. Le solitaire le plus titré de l'histoire de la voile lui apporte son expérience de la mer et celle de son écurie, alors que son partenaire, Macif, décide de lui construire un nouveau bateau. Les planètes sont alignées, tout comme les deux hommes, qui n'hésitent pas à se lancer dans une course autour du monde en double, la Barcelona World Race 2010-2011. L'année suivante, François Gabart s'attaque au Vendée Globe.

À gauche : Pour sa première participation, François Gabart, ingénieur de 29 ans, devient le plus jeune vainqueur du Vendée Globe. Le record était détenu jusque-là par Alain Gautier qui avait remporté la compétition en 1993 à l'âge de 30 ans.

En haut : Le maxi-trimaran *Macif* dans le port de Concarneau en 2012. Depuis 2020 il a pour nouveau nom de course *Actual Ultim 3*.

Une génération de marin high-tech

Il ne suffit pas d'être jeune, athlétique et talentueux pour remporter le Vendée Globe. Il faut aussi de l'expérience, une grande rigueur et du bon matériel, François Gabart le sait. L'épreuve est surnommée l'Everest des mers tant elle fait figure d'aventure humaine et technique, il va falloir tenir tous les entraînements dans la durée. Et à partir de là, c'est forcément l'inconnu. Ce qui l'est moins par contre, c'est son bateau *Macif*. Ensemble, ils ont déjà honorablement terminé à la 4e place de la Transat Jacques-Vabre et remporté la Transat B to B. Côté technique, le marin s'est appuyé sur l'expérience de son mentor Michel Desjoyeaux, unique double vainqueur du Vendée Globe, et n'a pas négligé sa préparation physique et son travail météo. Sa rigueur d'ingénieur lui a appris à connaître son bateau dans les moindres recoins pour résoudre seul ses problèmes techniques. Flash-back. Il se trouvait ici il y a quatre ans à regarder le départ de cette course alors qu'il complétait sa première saison en Figaro. Il mesure sa chance même si son travail acharné y est pour beaucoup. Dans l'effervescence du départ, les médias ne manquent pas d'éloges sur son ascension fulgurante, on le compte même parmi les favoris. Sera-t-il à la hauteur ? Armel Le Cléac'h non loin, plus breton que du beurre demi-sel dans le milieu de la voile, guette son adversaire. Ce n'est pas la première fois que les deux hommes se retrouvent sur la ligne de départ. François Gabart et celui qu'on surnomme « le Chacal » s'étaient disputé quelques années auparavant la victoire sur la Solitaire du Figaro, l'antichambre du Vendée Globe. Si Gabart terminait deuxième après le skipper de la baie de Morlaix, il se consolait cette année-là en remportant le Championnat de France de course au large. À la fois alter ego et adversaires, leur duo rythme régulièrement les courses au large. Loin de l'univers artistique de Titouan Lamazou, vainqueur de la première édition du Vendée Globe, tous les deux sont issus de filières scientifiques – bacs S et études d'ingénieurs – possèdent des profils d'athlètes de haut niveau et ont préparé leur tour du monde à Port-la-Forêt dans le Finistère, pépinière de talents et vitrine de l'excellence nautique bretonne. Pour le Vendée Globe, leurs bateaux sont quasiment identiques puisque le voilier *Banque Populaire* de Le Cléac'h n'est autre que l'ex-*Foncia* victorieux du Vendée Globe avec Desjoyeaux en 2008-2009. Le voilier de Gabart, lui, est tiré du même moule. C'est un « bateau frère », à

MACIF
HARKEN
YANMAR
bollé
Le pouvoir d'agir

ur l'es tiel

François Gabart boucle son Vendée Globe en 78 jours, c'est 6 jours de moins que son mentor, Michel Desjoyeaux, qui lui, avait mis 84 jours pour couvrir la distance en 2009.

Ci-dessus : François Gabart arrive victorieux aux Sables-d'Olonne en 2012.

À droite : Le Trophée Antoine de Saint-Exupéry récompense le marin le plus rapide en solitaire autour du globe. Le record est détenu actuellement par François Gabart sur *Macif* en 42 jours, 16 heures et 40 minutes.

En bas : François Gabart à bord de *Macif*, ce maxi-trimaran a été construit à Lorient et lancé en 2015. Conçu par le cabinet français d'architecture navale VPLP avec le soutien de GSea Design pour tout ce qui concerne le calcul de la structure, il était destiné à la course au large et à la chasse aux records.

peu de choses près. Une lutte acharnée s'annonce entre les deux marins issus de cette nouvelle génération aussi brillante que polyvalente.

Un Vendée Globe haletant

Le départ est donné, et jamais un tour du monde en solitaire n'aura autant ressemblé à une régate planétaire. Toujours en tête depuis le début de la course, Armel Le Cléac'h et François Gabart ne se quittent plus d'une semelle et naviguent presque à vue. Un si faible écart entre deux marins est inédit depuis la création de la course en 1989. À mi-parcours, les 500 milles d'avance du duo sur leur troisième poursuivant tiennent les aficionados de la course en haleine. Les marins tirent des bords et se doublent à la vitesse de boulets de canon, leur rivalité semble les pousser à battre des records. Au coude à coude dans le Pacifique, les deux skippers arrivent même à se filmer ! Le chassé-croisé entre les deux skippers ne perd jamais en intensité, et c'est au sprint final que tout va se jouer. Après une lutte acharnée et un bord tiré sous forme d'échappée, François Gabart remporte le Vendée Globe en 78 jours, 2 heures et 16 minutes, trois heures seulement avant son rival. C'est plus rapide que le record du précédent vainqueur, Michel Desjoyeaux, plus rapide que Bruno Peyron qui, il y a exactement 20 ans, fut le premier à descendre sous la barre mythique des 80 jours avec un équipage et encore plus rapide que Phileas Fogg. Armel Le Cléac'h, qui n'a pas dit son dernier mot, va à son tour entrer dans la légende lors de l'édition suivante.

Ultim, la classe des grands trimarans

Fort de ce succès, François Gabart quitte le circuit des monocoques pour se tourner vers l'avenir des courses au large, les trimarans géants. Ultramodernes et de la taille d'un immeuble, ces grands multicoques de 32 mètres de long sur 23 mètres de large peuvent faire le tour de la planète en « volant » à plus de 80 km/h. Depuis 2015, ils possèdent leur propre catégorie, la classe Ultim. Avec son nouveau géant de carbone, également baptisé *Macif*, le marin s'appuie sur l'expérience de Pascal Bidégorry pour prendre en main son nouveau bateau et c'est ensemble qu'ils remportent la Transat Jacques-Vabre en 2015. François Gabart termine également sur la première marche du podium lors de la Transat anglaise en 2016 et explose à nouveau les compteurs en 2017 en remportant le Trophée Saint-Exupéry. Pour sa première tentative, il devient le 4e marin au monde à boucler une circumnavigation en solitaire, sans escale et sans assistance sur un trimaran après Francis Joyon, Ellen Mac Arthur et Thomas Coville. Il pulvérise le record établi par ce dernier en 42 jours, 16 heures et 40 minutes, soit six jours de moins. Cruauté de l'histoire, il aura fallu 9 ans et pas moins de 5 tentatives à Thomas Coville pour arracher le titre à Francis Joyon à peine quelques mois auparavant (chapitre 22 p. 112). À cette occasion, une nouvelle récompense est créée, le Trophée Saint-Exupéry, qui distingue le meilleur chrono en solitaire autour du globe. François Gabart reçoit le trophée en espérant sûrement le garder un peu plus longtemps que Thomas Coville mais, il le sait déjà, les records sont faits pour être battus. L'une des prochaines générations de marins passera un jour sous la barre symbolique des 40 jours autour du monde, reste à savoir quand.

MACIF
MACIF

THOMAS COVILLE

SODEBO ULTIM • TOUR DU MONDE EN TRIMARAN EN SOLITAIRE (2016)

Le Multi dans les tripes

En 2016, Thomas Coville est l'homme le plus rapide autour du monde à la voile. Spécialiste et passionné des multicoques, il pulvérise l'ancien temps établi par Francis Joyon en 49 jours à bord de son trimaran géant, Sodebo Ultim. Avec pas moins de neuf tours du monde, le marin breton n'aura pas fait ses classes avec Kersauson par hasard.

« Petit fumier »

Thomas Coville est un peu l'archétype du marin breton dont les rencontres avec des gloires de la course au large vont dessiner les contours de son incroyable carrière. Né à Rennes, il s'initie à la compétition assez jeune et complète des études d'ingénieur en informatique. Vainqueur par deux fois du tour de France à la voile entre 1985 et 1993, Thomas Coville devient le préparateur du brillant Laurent Bourgnon, skipper de renom des années 1990 dont il hérite de la passion des trimarans géants. Elle restera son fil rouge tout au long de sa carrière. Par un coup du destin, il est en charge de l'électronique et de l'informatique à bord de *Commodore Explorer*, catamaran géant de Bruno Peyron en 1993 qui rejoint la réalité à la fiction en remportant le premier Trophée Jules-Verne, course autour du monde en équipage. Le jeune équipier de 25 ans restera à terre, remplaçant pour cette fois, mais la passion des records ne le quittera plus. On le signale à Olivier de Kersauson, qui s'apprête quatre ans plus tard à partir à l'assaut du Trophée Jules-Verne. L'abominable homme des mers embarque le jeune Thomas Coville sur *Sport Élec* et lui donne du « petit fumier » pendant 71 jours. Le benjamin, ne supportant pas de voir les poubelles jetées par-dessus bord comme il était d'usage, proteste. « Tu les garderas avec toi alors », lui avait répondu Kersauson, et Coville, aussi cabochard que son capitaine, de dormir avec sous sa couchette jusqu'à la victoire. L'année suivante, il termine second de la Mini Transat et premier de la Route du Rhum en catégorie monocoque sur *Aquitaine Innovations* à la place d'Yves Parlier, l'un de ses mentors qu'il remplace au pied levé suite à un grave accident de parapente. Cette victoire marque un tournant dans sa carrière puisque Thomas Coville, qui s'épanouissait alors dans le collectif, goûte aux joies du solitaire. Après s'être engagé sur le Vendée Globe 2000-2001, il court la Transat Jacques-Vabre au côté de Francis Joyon, dit le Menhir, mais les hommes sont contraints d'abandonner. Il décide alors de poursuivre ses tentatives de record autour du monde en trimarans géants, ne se doutant pas encore que son ancien équipier deviendrait le chrono à abattre.

L'éloge de la pugnacité

Thomas Coville largue les amarres en 2007 de Brest pour battre le record du monde en solitaire en trimaran détenu par Ellen MacArthur en 71 jours. Mais sa première tentative est un échec, le marin doit abandonner après 19 jours de course. Francis Joyon, l'un des meilleurs marins du monde, pulvérise ce record en 2008 et descend la barre à 57 jours. Le défi est devenu énorme. En 2008 et en 2011, Thomas Coville manque de peu de battre son record, respectivement de 2 jours et 3 jours, mais c'est la douche froide. Dépité, il saisit l'opportunité en 2010 de relever ce nouveau défi au côté de Franck Cammas, mais cette fois-ci, en équipage. Loin du huis clos infernal de son premier tour du monde avec Kersauson, la dream team établit un nouveau record en passant sous la barre symbolique des 50 jours et remporte le Trophée Jules-Verne. En 2011-2012, il l'accompagne dans la victoire lors de la prestigieuse Ocean Volvo Race, c'est alors son quatrième tour du monde

À gauche : Thomas Coville est un « tourdumondiste » connu et obstiné. En 2024, il attaque son 9e tour du monde lors de l'Arkea Ultim Challenge.

En haut : *Sodebo Ultim'*, renommé *Adagio* depuis 2023, est un trimaran reconstruit à partir d'éléments de *Geronimo*, l'ancien trimaran d'Olivier de Kersauson.

Spécialiste de la chasse aux records en solitaire, Thomas Coville appartient, avec Francis Joyon, Ellen MacArthur, et François Gabart, à ce quatuor d'exception qui a réussi à accomplir un tour du monde sans escale, en multicoque et en solitaire.

73
Sodebo
ULTIM
Sodebo
Sodebo
Sodebo
LA LIBERTÉ A DU BON
Sodebo 73

En haut : *Sodebo Ultim*, le trimaran de 31 mètres ,va sortir du chantier naval Multiplast de Vannes.

Ci-dessus : 7 avril 2016, au large de Belle-Île, Thomas Coville s'entraîne sur le Maxi Trimaran *Sodebo Ultim*.

À droite : À bord de *Sodebo Ultim'*, Thomas Coville devient le premier navigateur à réaliser le tour du monde en moins de 50 jours (49 jours, 3 heures, 4 minutes et 28 secondes).

En bas : Les entraînements se succèdent pour *Sodebo Ultim'* et le trimaran atteint des vitesses de pointe de l'ordre de 43 nœuds dans un vent de 25 nœuds.

en quatre ans. Mais le Breton, qui a repris du poil de la bête grâce au travail collectif, a une revanche à prendre sur son tour du monde en solitaire. Depuis l'apparition de la future classe Ultim à la Route du Rhum en 2010, un changement de paradigme s'est opéré et la vision des bateaux aussi. Les multis à foils représentent l'avenir des courses au large, le secret de la vitesse. Faute de pouvoir financer un bateau neuf, Thomas Coville rachète via son sponsor un bateau qu'il connaît très bien. C'est sur l'ancien monstre de 15 tonnes d'Olivier de Kersauson, *Geronimo*, avec lequel ils ont remporté le Trophée Jules-Verne en 1997, que « le petit fumier » a décidé de bâtir son exploit. Le bateau prévu pour 14 hommes est totalement retapé et repensé pour le solitaire. À bord de son énorme « araignée » rebaptisée *Sodebo Ultim*, il s'élance à l'assaut de son record du monde pour la quatrième fois en 2014. Mais le sort s'acharne contre lui, le marin est contraint d'abandonner après 15 jours de course et la même année, *Sodebo Ultim* est percuté par un cargo lors de sa participation à la Route du Rhum. Thomas Coville ne lâche rien, la cinquième tentative sera celle de l'exploit.

Une performance XXL

Le 25 décembre 2016, c'est enfin Noël pour Thomas Coville. Ce dernier s'empare enfin du record du tour du monde en solitaire et sans escale en trimaran en 49 jours, 3 heures et 7 minutes. Pendant neuf ans, le skipper s'y sera repris à cinq reprises pour atteindre son objectif, il tutoie au passage le record de tour du monde en équipage de quelques jours. Il s'impose ainsi comme le premier marin à passer sous la barre symbolique des 50 jours et explose la référence établie par Francis Joyon de huit jours. Alors que l'on pensait ce record reposer pour quelques années entre ses bottes et son ciré, François Gabart le fait voler en éclat la même année en 42 jours, 16 heures et 40 minutes. Impensable. En lot de consolation, Thomas Coville reçoit le Trophée Saint-Exupéry qui récompense le meilleur chrono autour du globe en solitaire et qu'il remet dans la foulée… à François Gabart. En 2024, il termine deuxième de l'Arkea Ultime challenge, premier défi en maxi trimaran autour du monde en solitaire, à la barre de *Sodebo Ultim 3*. Depuis 2010, les Ultim animent dorénavant sa vie tout comme celle d'une poignée de skippers de l'extrême comme Charles Caudrelier, Franck Cammas, François Gabart ou Armel Le Cléac'h.

MUMM
MUMM
BANQUE
POPULAIRE
BANQUE
POPULAIRE

ARMEL LE CLÉAC'H

BANQUE POPULAIRE VII • VENDÉE GLOBE (2016-2017)

Le chacal

Adversaire pugnace et fin limier naval, Armel Le Cléac'h à creusé son talent dans l'adversité pour décrocher ses titres. Triple vainqueur de la Solitaire du Figaro (2003, 2010 et 2020), il est le seul skipper à compter trois podiums au Vendée Globe, jusqu'à l'ultime victoire en 2017.

Breton pur jus et fier de ses racines

Né en 1977 dans le Finistère en Bretagne, Armel tire ses premiers bords dans la baie de Morlaix, berceau de son enfance entre Roscoff, Carantec et l'île de Batz. Dans la famille, on a du sel dans le sang et on aime la mer avant même d'aimer la voile. Passionné, il se lance dans les compétitions dès l'âge de 9 ans et tout s'enchaîne. Il intègre le Pôle Finistère de Course au large en 1999 et est élu champion de France de course au large en solitaire en 2003. Il remporte à trois reprises la Solitaire du Figaro (2003, 2010 et 2020) et reçoit le titre de champion du monde IMOCA en 2008. Le talentueux régatier est aussi un athlète affûté, ingénieur de formation, fort d'une prépa math sup et né avec un ordinateur dans les mains. Il incarne à la perfection cette nouvelle génération de marins mués en sportifs de haut niveau aussi à l'aise en mer qu'avec les nouvelles technologies. Moins de bistrots, plus de routage météo. Dans le milieu, son surnom claque comme une voile au vent, le Chacal. Son palmarès remarquable le hisse très vite parmi les marins les plus doués de sa génération.

À gauche : Le bonheur de la victoire ! Armel Le Cleac'h la célèbre après sa victoire dans le Vendée Globe 2017.

En haut : Le bateau d'Armel le Cléac'h, *Banque Populaire VIII*, est équipé de foils, comme celui de son poursuivant Alex Thomson (Hugo Boss), une innovation entrée en vigueur cette année-là et qui aura réussi son pari de la victoire.

Une arme fatale

Armel Le Cléac'h se lance dans la grande aventure du Vendée Globe et tutoie la victoire à deux reprises derrière Michel Desjoyeaux en 2009 et François Gabart en 2013. Avec ce dernier, leur duel fratricide – même bateau, même génération, même profil – va rythmer la majeure partie de la régate planétaire. Battu avec seulement 3 heures d'avance, la presse est tentée de lui coller l'étiquette de Poulidor de la course au large. Le navigateur fair-play mais « en rage » tient à sa revanche. Bien décidé à truster la victoire, le navigateur construit un voilier innovant tout carbone équipé d'une arme fatale : les foils, grandes moustaches en carbone qui lui donnent un gain de vitesse considérable. S'ils ne font pas « voler » le bateau, ils permettent de le soulever en soulageant la coque du frottement de l'eau pour gagner en vitesse. Revers de la médaille, la tension sur le mât est plus forte, le skipper doit donc trouver l'équilibre idéal pour ne pas casser son bateau. Maniaque du détail et du travail bien fait, Armel Le Cléac'h optimise ses réglages en compétition et se classe 2ᵉ de la Transat Jacques-Vabre en 2015 avant de remporter la Transat anglaise en 2016. Taillé sur mesure pour Armel Le Cléac'h, *Banque Populaire VIII* devient le prolongement du skipper pour qui il a été construit dans un seul but : monter sur la plus haute marche du podium du Vendée Globe.

La revanche du 3ᵉ Vendée Globe

Ce matin, les pontons ne désemplissent pas et les curieux se pressent de tous les côtés. Les marins ont quelques difficultés à se frayer un chemin dans la foule à la quête d'un selfie ou d'un autographe. Depuis une semaine, Les Sables-d'Olonne vivent dans l'hystérie du Vendée Globe. Au total, ce sont plus d'un million et demi de personnes qui se sont déplacées pour venir admirer les 29 bateaux et skippers qui prendront le départ de cette 8ᵉ édition autour du monde. Comme chaque année, la flotte se partage entre bateaux derniers cris et voiliers plus anciens, certains visent des podiums, d'autres mènent des projets solidaires ou s'élancent pour l'aventure d'une vie. Et la pression est énorme,

Les voiliers ont pris des allures de bolides lors de la 8e édition du Vendée Globe grâce à une petite révolution technologique, les « foils », moustache qui soulage le poids du bateau et lui permet de gagner en vitesse.

IMOCA
FRA 30
BANQUE POPULAIRE
TRANSAT JACQUES VABRE
+X
BANQUE POPULAIRE +X
BANQUE POPULAIRE

Ci-dessus : Alex Thompson, le skipper de Hugo Boss, arrive en seconde position quelques heures après l'arrivée d'Armel Le Cleac'h.

À droite : *Banque Populaire VIII* comme *Hugo Boss* ont été spécialement conçus pour cette 8e édition du Vendée Globe.

En bas : Armel Le Cleac'h, skipper de *Banque Populaire VIII*, gagne le Vendée Globe après 74 jours de mer et de compétition.

moins de la moitié des marins ne finissent pas cette course réputée extrême. Cette année, 14 d'entre eux s'élanceront pour la première fois, des bizuths comme on dit dans le milieu. Armel Le Cléac'h, lui, connaît bien la musique, c'est sa troisième tentative. Mû en rampe de lancement, le marin bouillonne d'impatience. Dans les journaux, la presse le donne favori et entre le énième interview et les derniers réglages à gérer, pas facile d'évacuer la pression. Sur le ponton, les « moustaches » de *Banque Populaire VIII* sont au centre de toutes les attentions, son voilier est le seul de la flotte Imoca avec celui d'Alex Thomson à posséder de tels appendices, véritables turbos nautiques à la pointe de la technologie. Le dimanche 6 novembre 2014, à partir de 8 h 50 et toutes les 4 minutes, les skippers quittent un à un les pontons pour rejoindre le large. Désormais seul à bord, l'émotion est intacte tout au long de la descente du chenal où une foule de 400 000 personnes le salue. Enfant, il était là lui aussi, à accompagner ses parents pour encourager les marins. Il rêvait de ce moment. Devenu une réalité, il est aussi le travail de plusieurs années autour d'une équipe, d'un bateau et d'un partenaire, il le sait. François Gabart, alter ego et vainqueur de la précédente édition, est venu saluer son ancien rival avant le départ : « Elle est pour toi celle-là ! ». La pression est à son comble, mais taillé du haut de ses 1,88 m, Armel Le Cléac'h part pour son troisième tour du monde avec la gagne dans les tripes. Et cette fois-ci, pas de mise en jambes. Il faut s'échapper le plus rapidement possible, car le Gallois Alex Thomson, sur sa monture *Hugo Boss* ultra-puissante également parée de foils, attaque son 5e Vendée Globe avec l'ambition affichée de gagner.

Un nouveau record du monde

Dès fin novembre, les deux marins se poursuivent et ne se lâcheront plus. Au large des îles Kerguelen, la marine nationale filme leur course effrénée, le souffle du Gallois semble gonfler les voiles du Breton qui fonce tant bien que mal pour lui échapper. Alors qu'Armel Le Cléac'h pense avoir creusé l'écart au cap Horn, il aperçoit dans son rétroviseur Alex Thomson sprinter dans la remontée de l'Atlantique, mais le Breton réussit à contenir son ultime assaut. Après un final haletant, le skipper de 39 ans franchit la ligne d'arrivée et remporte enfin le Vendée Globe après 74 jours, 3 heures et 35 minutes en mer. Il pulvérise le record de François Gabart grâce à une revanche méthodique et aussi imperméable à toute forme de résignation qu'un ciré breton sous la pluie. Heureux et à la fois très ému, il fond en larmes : « Je n'ai rien lâché, même pas un mètre. Je voulais tellement cette victoire ». C'est au terme d'une quête de 10 ans et trois tours du monde qu'Armel Le Cléac'h peut savourer sa prouesse et passer de la solitude de ses 74 jours en mer à la liesse populaire. Cette victoire, c'est aussi le triomphe des bateaux à foils, innovation entrée en vigueur cette année et représentée fièrement par les deux premières marches du podium. Le Chacal, qui en a encore sous les bottes, porte ses nouvelles ambitions vers la classe Ultim et termine 3e de la première édition de l'Arkéa Ultim Challenge en 2024, course autour du monde en solitaire en trimarans géants de 32 mètres équipés de foils. Véritable Formule 1 des mers, ces géants peuvent se soulever un mètre et demi au-dessus de l'eau et atteindre des pointes à 45 nœuds. Une première édition complètement foil !

FRA 18
BANQUE POPULAIRE
Sodebo
BANQUE POPULAIRE

MUSTO
PERFORMANCE

FRANCIS JOYON

IDEC SPORT • TROPHÉE JULES-VERNE (2017)

Un héros très discret

Vétéran d'une époque où les marins étaient encore considérés comme des aventuriers et non des sprinters des mers ultra-connectés, Francis Joyon a traversé le temps discrètement tout en explosant les meilleurs chronos océaniques de la planète. Ermite des mers tendance Tabarly, celui qu'on surnomme « Le Menhir » devient le navigateur le plus rapide de l'histoire en 2017 en traversant le globe d'une traite en 40 jours.

Le marin de la Beauce

Francis Joyon n'a pas connu les cirés jaunes ni les dériveurs bretons enfant, ses parents n'ont même jamais navigué. Né en 1956 dans les océans de blé en Eure-en-Loir, sa passion du vélo l'emmène vers la Bretagne où il découvre la voile aux Glénans alors adolescent. Le jeune homme ne fréquente pas les filières classiques de régatiers et n'est pas du genre à flatter les célébrités du large pour obtenir une place d'équipier. Francis, lui, vise le solitaire. Écolo avant l'heure et roi de la bricole, c'est un marin à l'ancienne à la carrure de bûcheron, brut, taiseux et qui ne recherche pas la gloire. Il se lance sur le circuit professionnel en 1988 à l'âge de 32 ans et participe à sa première Route du Rhum en 1990 à bord d'un improbable trimaran qu'il rafistole. Il enchaîne les compétitions et remporte le record de la Transat anglaise en 2000. En 2003, il prend les commandes de l'ancien maxi-trimaran *Sport Élec* d'Olivier de Kersauson et le modifie pour le barrer en solitaire. En 2004, le trimaran de 27 mètres baptisé *Idec* devient le premier navire mené par un homme seul à effectuer un tour du monde en moins de 80 jours (72 jours) et Francis Joyon, le premier homme au monde à en faire le tour sur un multicoque sans escale. L'admiration est totale de la part de ses pairs. Plus qu'un marin, c'est un pionnier. La Britannique Ellen MacArthur lui ravit le titre l'année suivante en 71 jours, mais pas le temps de faire briller les winchs qu'il y retourne en 2008 et pulvérise le record de l'Anglaise en 57 jours. Mais c'est lors de la Route du Rhum en 2010 que son destin va basculer, tout comme celui de nombreux marins.

À gauche : En 2004, Francis Joyon ouvre le bal et devient le 1er homme à boucler un tour du monde en solitaire et sans escale sur un trimaran géant. Avant lui, Alain Colas ou Olivier de Kersauson avaient déjà réussi leur pari, mais toujours en effectuant des escales techniques.

En haut : *Idec Sport* reste, à ce jour, le voilier le plus titré de l'histoire de la course au large.

Le trimaran de tous les records

Au milieu des curieux et de la presse spécialisée, un trimaran de plus de 31,50 mètres est mis à l'eau à Vannes en cette matinée de 2006. Si l'événement semble au premier coup d'œil banal, nul n'a encore idée du destin exceptionnel qui attend ce voilier de compétition baptisé *Groupama 3*. Construit pour battre des records prestigieux aux commandes du skipper Franck Cammas, il décroche le Trophée Jules-Verne en 2010 après 48 jours de circumnavigation autour du monde. La même année, c'est sur la Route du Rhum que Francis Joyon aperçoit ce voilier pour la première fois. Les organisateurs ont décidé d'ouvrir la transat aux grands multicoques, baptisée classe Ultime (le -e disparaîtra plus tard), les classes Orma des trimarans de 60 pieds étant en déclin. Au milieu de la flotte, *Groupama 3* détonne dans le paysage avec ses lignes épurées et ses drôles d'ailes qui le soulèvent au-dessus de l'eau pour gagner en vitesse. Il est le premier grand multi de compétition à être équipé de foils, une première dans le milieu de la course. Au milieu des pontons, beaucoup restent sceptiques sur les capacités d'un seul homme de barrer un monstre conçu pour un équipage de 10 personnes, mais Franck Cammas, qui l'a adapté pour naviguer en solitaire, remporte l'épreuve. Deuxième du classement sur *Idec*, Francis Joyon n'a rien loupé de ses performances. L'entrée fracassante de cette

Après une fin de course incroyable, Francis Joyon remporte la Route du Rhum 2018 avec sept minutes d'avance sur François Gabart.

Agriculteurs de BRETAGNE
investir on-line
Institut du Cerveau et de la Moelle épinière
ICM
17
IDEC SPORT

En haut et ci-dessus : En 2017, Francis Joyon et son équipage explosent le record du Trophée Jules-Verne en 40 jours, 23 heures, 30 minutes et 30 secondes.

À droite : Depuis 2017, Francis Joyon détient toujours le record absolu du tour du monde en 40 jours, ce qui en fait le plus long détenteur de l'histoire du Trophée Jules-Verne. Un exploit pour ce chasseur de records.

En bas : Il va franchir en vainqueur la ligne d'arrivée remportant haut la main le Trophée Jules-Verne.

nouvelle classe de trimarans de course va embraser de nouvelles ambitions. Une classe très élitiste d'armateurs repense leurs prototypes et un nouveau paradigme s'opère, les maxi-trimarans « volants » étaient nés. Très convoité, le voilier passe aux mains d'Armel Le Cléac'h qui, à la suite à un accident, le confie à Loïck Peyron pour la dixième édition de la Route du Rhum en 2014. Le navigateur remporte la course et signe un nouveau chrono en 7 jours, 15 heures et 8 minutes. Francis Joyon est un homme de records et ce bateau est tout ce qu'il recherche. Après en avoir fait l'acquisition, le champion des courses en solitaire s'attaque contre toute attente au Trophée Jules-Verne, un tour du monde en équipage.

La performance de Francis Joyon sans foils

Depuis le succès de Franck Cammas en 2010, de l'eau de mer a coulé sur le Trophée Jules-Verne. Le record est passé aux mains de Loïck Peyron en 2012 à bord de *Banque Populaire V*, un géant de 40 mètres qui nécessite le travail de 12 équipiers et avec lequel le record est descendu à 45 jours. Nettement plus petit (31,5 mètres), *Groupama 3* rebaptisé *Idec Sport* a déjà dix ans de service. Contrairement aux Ultim de la toute nouvelle génération, son maxi-trimaran n'est pas un bateau dit « volant » malgré ses foils, mais c'est bien là toute sa force car le skipper croit en sa fiabilité et sa simplicité, ce qui implique moins de risques de casse. À bord, il embarque un équipage restreint de cinq marins pour gagner en légèreté, à tout point de vue. Quelques jours après son départ, le marin apprend que Thomas Coville vient de lui arracher en 49 jours, et après cinq tentatives acharnées depuis neuf ans, son record du tour du monde en trimaran et en solitaire. Mais on ne déstabilise pas comme ça un marin surnommé « Le Menhir ». Début 2017 et à l'âge de 60 ans, Francis Joyon remporte le Trophée Jules-Verne en 40 jours, 23 heures et 30 minutes, et devient le navigateur à avoir tourné le plus rapidement possible autour de la planète. C'est la neuvième fois que le trophée change de mains depuis le tout premier exploit de Bruno Peyron à bord de *Commodore Explorer*. Il accroche ainsi un record de plus à son brillant palmarès et déclare en toute modestie : « Il n'y a plus de héros de nos jours, mais on peut espérer, parfois, être à la hauteur de ceux qui nous ont fait rêver quand on était plus jeunes ». Peu avant son arrivée, Armel Le Cléac'h remporte le Vendée Globe en signant également un temps record de 74 jours, 3 heures et 35 minutes. Il s'agit du troisième record en un mois dans la course au large, du jamais vu. Avec deux Trophées Jules-Verne, trois routes du Rhum et d'autres nombreux records de vitesse et distance, *Idec Sport* reste, à ce jour, le voilier le plus titré de l'histoire de la course au large. Depuis 2017, Francis Joyon détient toujours le record absolu du tour du monde en 40 jours, ce qui en fait le plus long détenteur de l'histoire du Trophée Jules-Verne. Un comble pour un chasseur de records.

bermudes
84

JEAN LE CAM

YES WE CAM ! • VENDÉE GLOBE (2020 - 2021)

Le sauvetage in extremis

En approche du cap de Bonne-Espérance, Kevin Escoffier navigue en 3e position du Vendée Globe quand, en un éclair, son bateau se plie en deux et coule. Le skipper déclenche sa balise de détresse et est contraint d'embarquer sur son minuscule radeau de survie. Vieux briscard du large et doyen de la course, Jean Le Cam se déroute pour lui porter assistance. C'est le début d'une longue nuit d'angoisse.

Les quarantièmes rugissants

Partons rejoindre les hautes latitudes des mers australes où les vagues puissantes font le tour du monde en charriant avec elles de redoutables icebergs. Dans un sifflement constant, le ciel sombre et menaçant plonge dans l'écume bouillonnante et confond dans son sillage les seuls oiseaux répondant à son appel, les majestueux albatros. Seuls quelques intrépides voiliers aux couleurs éclatantes percent brutalement cette monotonie de gris sous leur œil perçant. Les marins du Vendée Globe redoutent ce désert hostile où sévissent les vents les plus violents connus sur la planète. Ils trouvent leur puissance dans la quasi-absence de terres susceptibles d'atténuer leur course et déchaînent de violents courants. Parfois, au cœur de cet ouragan de vent et d'eau, des vagues monstrueuses surgissent des abîmes pour rejoindre d'immenses nuages noirs. Aux latitudes situées sous 40° sud, cet enfer est baptisé les « quarantièmes rugissants ». Un vieux dicton de marin parle de lui-même : « Sous 40 °, il n'y a plus de loi. Sous 50 °, il n'y a plus de Dieu ». Théâtre mystique à la beauté impitoyable, les marins du Vendée Globe y prennent leurs quartiers plusieurs semaines. Imaginez un instant la force et le bruit impressionnant de ce tumulte sur l'océan. Et la peur, aussi brute et sauvage que cette dernière, chevillée au corps des marins. Au milieu de cet enfer glacial et sombre où souffle un vent de 35 nœuds, un petit point orange flotte au milieu des creux de 5 mètres. C'est Kevin Escoffier sur son radeau de survie.

À gauche : Jean Le Cam est breton et le revendique ! Avec un palmarès exceptionnel notamment champion du monde IMOCA Ocean Masters 2014-2015, vainqueur de la Barcelona world race 2015, vainqueur du 1000 Milles de Calais 2004, vainqueur de la Solitaire du Figaro en 1994, 1996 et 1999, Le Cam est surnommé le « roi Jean ».

En haut : Bateau simple, léger, mais qui dure dans le temps, le *Yes We Cam !* est un compromis entre résistance et légèreté. Il a été conçu par l'architecte David Raison et construit par le chantier italien PERSICO.

Nuit blanche

Nous sommes au 22e jour de course du Vendée Globe et pour le naufragé, le vacarme est incessant. En plus du froid glacial, chaque vague qui cogne son abri de fortune fait bondir son cœur. Voilà quelques heures que son bateau *PRB* a chaviré alors qu'il filait à 18 nœuds en troisième place de la course. Soudain, l'étrave du bateau s'est pliée à 90°. Peut-être une inversion négative de foils, personne ne le saura jamais, mais dans un craquement indescriptible, l'eau envahit la coque à une vitesse vertigineuse. Le skipper a juste le temps de sauter dans sa combinaison de survie et d'envoyer un texto à son équipe avant que tous les ordinateurs de bord ne soient submergés « Je coule. Ce n'est pas une blague. Mayday ». Le marin jette ensuite son radeau de survie à la mer et déclenche sa balise de détresse. Voilà, c'était fini. Son destin a chaviré avec son bateau en deux minutes. Encore sous le choc, il reste confiant. Ses concurrents ne sont pas loin, ils viendront le chercher, peut-être au bout de 24 heures ? Soudain, une autre vague le porte brutalement dans un concert de sifflement. Kevin Escoffier s'accroche puis bascule en surf. L'ancre flottante se tend et un coup de rappel permet au radeau de se remettre en équilibre. Mais à chaque fois qu'une vague déroule, c'est l'angoisse. À deux heures de là, son poursuivant le plus proche, Jean Le Cam vient d'être appelé pour tenter de lui porter secours. Yannick Bestaven, Boris Herrmann et Sébastien Simon sont également appelés en renfort. Doyen de la course, Jean Le Cam c'est une gueule, une légende, un cador, un pilier du large de 61 ans que tout le monde connaît. Surnommé le « roi Jean » pour avoir remporté à trois reprises la Solitaire du Figaro (1994, 1996, 1999), le Breton fait partie de ces marins vintage à la chevelure fleurie qui tutoient les trophées de Neptune avec tranquillité et bonhomie. Il attaque d'ailleurs cette année son 5e Vendée Globe, course qu'il n'a jamais remportée. Le marin expérimenté a reçu la position de la balise de détresse et après de longues recherches, il aperçoit enfin Kevin. La mer est démontée et Jean Le Cam doit manœuvrer pour réduire sa voilure. Les conditions sont trop dures pour passer du radeau à son bateau. Le temps d'agir, il s'écarte de l'embarcation et perd le contact visuel avec le naufragé. La nuit est tombée et le froid glaçant mord de son empreinte le soupir du marin.

« Du désespoir au truc de dingue »

Pour Jean Le Cam, l'instant est terrible. Peut-être l'un des moments les plus redoutés dans la vie d'un marin. Le sauvetage était impossible dans un mer aussi démon-

En haut : À son arrivée, Jean Le Cam est fêté en héros, le sauvetage épique de Kevin Escoffier va longtemps rester dans les mémoires.

Ci-dessus : Le « roi Jean » sera finalement classé en 4ᵉ position. Il dira : « J'termine 4, la place du con ! »

À droite : Le « roi Jean » boucle sa circumnavigation en 80 jours, pour l'arrivée la plus serrée dans l'histoire de la course.

En bas : La récupération de Kevin Escoffier par la frégate de la Marine nationale, le Nivôse, est effectuée avec succès le 6 décembre, et *Yes We Cam !* reprend sa course.

tée, le suraccident plus que probable. Mais perdre le gamin de vue, c'est un coup dur. La nuit est tombée et il faut s'imaginer chercher une aiguille flottante dans une botte de foin plein d'embruns. C'est la merde. Jean Le Cam fait part de la situation aux autres marins, le naufragé n'est plus en vue. Tout le monde le sait, c'est une très mauvaise nouvelle. La nuit est longue, angoissante. Dans un sifflement constant, Jean passe la tête à l'extérieur à la recherche du naufragé. Il sait que si Kevin garde une lumière dans son abri de fortune, il sera plus facile de l'apercevoir en pleine nuit. Après des heures de recherche, c'est le miracle. Jean Le Cam aperçoit un flash de lumière dans la nuit, il dira : « Tu passes du désespoir au truc de dingue ». Il se met au vent, cette fois il n'attendra pas. Kevin Escoffier doit se jeter à la baille et essayer de se hisser à bord avec le risque, toujours présent, de se faire écraser par le bateau en mouvement. « C'était Verdun sur l'eau », se souvient-il. Par un puissant mélange d'adrénaline, de volonté de vivre et de forme physique, le naufragé s'accroche à une bouée et réussit enfin à se hisser à bord. L'homme vient de passer 11 heures sur son radeau, les deux hommes tombent dans les bras l'un de l'autre : « Putain t'es à bord ! C'était chaud ! », le skipper de *PRB* répond à Jean Le Cam : « Je te nique ta course, tu faisais une super course ». Son sauveur hausse les épaules : « C'est pas grave, la dernière fois c'est moi qui avais mis à plat la course de Vincent ». Par un clin d'œil spectaculaire du destin, onze ans auparavant, le roi Jean avait lui-même été secouru par le skipper de *PRB*, Vincent Riou, alors qu'il venait de chavirer au large du cap Horn.

40° 15 sud par 52° 20 est

Cinq jours après avoir récupéré Kevin Escoffier, Jean Le Cam donne rendez-vous en terre inconnue au Nivôse, frégate de la Marine nationale en charge de la surveillance et de la sécurité dans ce coin mal famé de l'océan Indien pour débarquer son passager clandestin. Il y a quatre ans, le navire s'était déjà illustré lors du dernier Vendée Globe en croisant Armel Le Cléac'h et son poursuivant Alex Thomson au large des îles Kerguelen. Les images des marins lancés à toute allure au milieu de l'océan avaient fait le tour du monde. Après avoir bravé les éléments de façon spectaculaire pour sauver la vie de Kevin Escoffier, Jean Le Cam reprend la course, le plus simplement du monde. Les heures passées à porter secours au marin seront décomptées de son temps final de course, de même pour Boris Herrmann, Sébastien Simon et Yannick Bestaven. Avec *Yes We Cam !*, voilier vieux de 13 ans et sans foils, Jean Le Cam reste dans le peloton de tête et termine 4ᵉ du Vendée Globe cette année-là, à peine 24 heures devant le vainqueur, Yannick Bestaven. Il boucle ainsi son cinquième Vendée Globe, non pas en vainqueur, mais certainement en héros aux yeux des Français. Il recevra la même année la Légion d'honneur pour son acte de bravoure. La course au large aura prouvé une fois de plus qu'il ne suffit pas de gagner pour réussir sa traversée.

innoveo
YES WE CAM!

tre CoQ
HH

YANNICK BESTAVEN

MAÎTRE COQ IV • VENDÉE GLOBE (2020 - 2021)

La revanche du marin écolo

À l'issue d'un suspense insoutenable, et pour la première fois de l'histoire du Vendée Globe, un marin monte sur la première marche du podium en coupant la ligne d'arrivée en troisième position. C'est l'histoire d'une édition pleine de rebondissements où Yannick Bestaven, un skipper guidé par la volonté farouche d'y retourner après une participation cauchemar en 2008, triomphe de la reine des courses au large.

Yves Parlier comme mentor

Enfant du bassin d'Arcachon né de parents landais, Yannick Bestaven s'initie aux sports d'eaux vives dès son plus jeune âge. Athlète polyvalent, il s'investit dans le kayak à haut niveau et s'illustre en surf ou encore en planche à voile quand il ne rejoint pas le club des fidèles supporters de club de rugby de La Rochelle entre deux compétitions. Ingénieur de formation, c'est lors d'une rencontre déterminante avec le navigateur Yves Parlier en 1997, également Arcachonnais, que l'homme de terroir va se piquer de voile. Deux ans plus tard, à bord du 60 pieds *Aquitaine Innovations*, il remporte en compagnie d'Ellen Mac Arthur l'ultime édition de la Course de l'Europe, course en équipage de 3 680 milles. Il s'engage ensuite dans la Mini Transat en 2001 sur un monocoque de 6,50 mètres construit de ses propres mains et termine sur la première marche du podium. À l'aise sur toutes les montures, sa carrière de compétiteur au large semble toute tracée.

Un écologiste engagé

En 2007, Yannick Bestaven nourrit le projet d'un tour du monde à la voile non polluant et en autonomie totale. Yves Parlier, grande figure de l'histoire du Vendée Globe, va l'orienter vers cette course mythique pour réaliser ce projet ambitieux.

À gauche : Yannick Bestaven, qui barrait son Imoca 60 *Maître Coq*, remporte la 9ᵉ édition du Vendée Globe.

En haut : *Maître Coq* a été conçu par l'architecte Guillaume Verdier et construit par le chantier CDK Technologies. Il est mis à l'eau le 29 août 2022.

Ce dernier le convainc d'acheter son *Aquitaine Innovations*, laissé à l'abandon en Normandie. Le voilier est désossé, repensé et pimpé dans ses moindres recoins. Panneaux solaires, éolienne, Yannick Bestaven crée pour l'occasion un hydrogénérateur lui permettant de transformer la vitesse du bateau en électricité, à l'image d'une dynamo sur un vélo. Cette innovation imaginée en son temps par Éric Tabarly lui permet de s'alléger de 300 litres de fuel et de répondre à son ambition de naviguer écolo. S'il réussit son pari, ce voilier d'un nouveau genre serait le premier à boucler un tour du monde sans énergie fossile embarquée, une première dans le milieu de la voile. Le « bateau-laboratoire » est enfin prêt à affronter un nouveau tour du monde quand, après 30 heures de course, le rêve vire au cauchemar. *Aquarelle.com* démâte dans le golfe de Gascogne. C'est une immense déception sur laquelle le marin va malgré tout réussir à rebondir avec ingéniosité. Le marin réfléchit alors au déploiement de son hydrogénérateur sur les bateaux de course et l'année suivante, il fonde sa propre société, Watt&Sea. Le succès est tel que son innovation équipe depuis la totalité de la flotte du Vendée Globe et presque tous les Imoca. L'ingénieur-skipper enchaîne les projets plus modestes, mais tout aussi exigeants de la Classe 40, et remporte dans cette catégorie les Transats Jacques-Vabre de 2011 et 2015. En 2018, la rencontre d'un nouveau sponsor va le propulser de nouveau vers son grand rêve avorté, le Vendée Globe.

Un marin qui croit en son étoile

Quand Yannick Bestaven se tient sur la ligne de départ du Vendée Globe en 2020, il n'est ni jeune ni Breton et du haut de ses 48 ans, il est aux commandes de *Maître Coq IV*, un bateau à petits foils de la génération 2015 qui ne peut pas rivaliser avec les voiliers dernier cri. Pour se donner les moyens de ses ambitions, le Rochelais a troqué à la dernière minute une voile neuve contre les services d'un coach mental. En sportif aiguisé, il refait un dernier point avant le match : depuis son démâtage au Vendée Globe en 2008, le navigateur a gagné en expérience et maturité. Son voilier, il le connaît par cœur. La bricole et l'improvisation en toute circonstance ne lui posent aucun problème. Seule inconnue de l'équation, il n'a jamais navigué dans les mers australes ni même jamais passé aucun des trois caps. Mais il connaît son potentiel en course hauturière. Et même si *Maître Coq IV* n'est pas un bateau flambant neuf, le soin apporté à sa préparation peut faire la différence. Après avoir embarqué ses dernières boîtes de saucisses-lentilles,

En haut : Comme Jean Le Cam, Yannick Bestaven se déroute pour porter assistance à Kevin Escoffier. Le temps de ce sauvetage sera décompté et Bestaven l'emportera bien qu'arrivé troisième.

Ci-dessus : Le vaillant IMOCA *Maître Coq* aura mérité sa victoire inattendue.

À droite : Yannick Bestaven au départ du Vendée Globe ne s'attendait pas à une course aussi pleine de rebondissements.

En bas : Après 80 jours, 3 heures et 44 minutes en mer, l'outsider Yannick Bestaven remporte la plus grande des courses au large, le Vendée Globe.

il faut partir. En pleine crise du Covid 19, le départ est donné sans public. Le marin est seul dans la descente du chenal, il se souvient du même moment, il y a maintenant 12 ans, et le démâtage peu après le départ… le souvenir est douloureux. Mais cette fois-ci, Yannick Bestaven compte bien déjouer les pronostics, car s'il n'est pas donné favori, le marin a une revanche à prendre.

Un tour du monde en 80 jours

Le 30 novembre, après trois semaines de course, le bateau de Kevin Escoffier sombre dans les quarantièmes rugissants. Yannick Bestaven est dérouté pour partir à la recherche du marin aux côtés de Jean Le Cam, une nuit de recherche terrible où les marins tentent de retrouver son radeau de survie dans une mer déchaînée. Quand Jean Le Cam réussit enfin à retrouver le naufragé, Yannick Bestaven reprend sa course, mais reste profondément marqué par cet épisode. Une fois de nouveau la tête dans le match, il suit le rythme des favoris et prend l'ascendant dans les mers du Sud avant de passer en tête le mythique cap Horn. Historiquement, à ce stade de la course, le leader s'apprête généralement le vainqueur de la course. Mais la fête est de courte durée, son avance sur sa meute de poursuivants fond comme neige au soleil lors de la remontée de l'Atlantique. Il s'englue dans une zone sans vent dans le redouté Pot-au-Noir avant de foncer dans la dernière ligne droite pour arriver les cheveux en bataille aux Sables-d'Olonne en troisième position. Un concert de cornes de brume et d'applaudissements l'accueille dans l'air glacial du port. Grâce aux compensations dont il bénéficie pour avoir participé au sauvetage de Kevin Escoffier, le marin, passé par toute la gamme des émotions, remporte le Vendée Globe en 80 jours, 3 heures et 44 minutes. Jules Verne en avait rêvé, Yannick Bestaven en a les jambes coupées. Vainqueur le plus âgé de l'histoire, le marin peut savourer cette victoire en apothéose après son odyssée bien salée. Avec l'élégance propre aux grands vainqueurs, il part féliciter Charlie Dalin sur les pontons, premier marin à avoir coupé la ligne d'arrivée, mais rétrogradé classé deuxième du classement au jeu des bonifications : « Bravo à toi, il y a deux vainqueurs sur ce Vendée ! » La même année, il reçoit la Légion d'honneur aux côtés de Jean Le Cam pour leurs performances sportives conjuguées à leur acte de bravoure durant cette édition épique.

Maître CoQ
Team voile

CHARLES CAUDRELIER

MAXI EDMOND DE ROTHSCHILD • ARKÉA ULTIME CHALLENGE (2024)

Vainqueur d'un tour du monde inédit en maxi trimarans

Le 27 février 2024, Charles Caudrelier remporte la première course autour du monde en solitaire pour trimarans géants, l'Arkéa Ultim Challenge. Jusqu'ici inconnu du grand public malgré un brillant palmarès, le navigateur écrit une nouvelle page de l'histoire des courses au large.

La course en solitaire dans la peau

Né le 26 février 1974 à Paris, Charles Caudrelier déménage à Beg Meil dans le Finistère à deux pas du Pôle Finistère Course au large, l'ENA de la régate. Ses parents sont dingues de voile et depuis leur jardin, la famille peut contempler le terrain de jeux des nombreux skippers du centre, « la vallée des fous » selon Olivier de Kersauson. Sa famille tente de lui transmettre le virus de la voile, mais le jeune préfère la planche à voile et la plongée, il développe même une passion pour le golf. Son père l'emmène au départ de toutes les grandes courses et, alors que Michel Desjoyeaux, future légende de la course au large, lève l'ancre lors d'une banale compétition, c'est le déclic. L'adolescent fait régulièrement le mur pour emprunter le bateau familial et part naviguer seul et de nuit, tirer des bords. Ses études, il les complète en tant qu'officier de la marine marchande pour faire plaisir à sa famille, mais il n'exercera jamais. En 1999, il intègre à 25 ans le centre d'entraînement de Port-la-Forêt. Il se noue d'amitié avec Franck Cammas, son colocataire de l'époque, qui va très vite parfaire son apprentissage et devenir son mentor.

Un équipier recherché

À l'âge de 25 ans, Charles Caudrelier remporte la Solitaire du Figaro et va s'imposer comme un équipier recherché. Le marin remporte trois Transats Jacques-Vabre, deux tours du monde en équipage à l'exigeante Volvo Ocean Race ainsi que deux Fastnet Race avec Franck Cammas. Mais malgré son brillant palmarès international en équipage, l'ado discret qui partait seul au large des Glénans rêve toujours de courir en solitaire. Il se perfectionne aux côtés des meilleurs marins de ses 30 à 40 ans et attend patiemment que le destin frappe à sa porte. Elle sonne à sa porte le jour de son 40e anniversaire. Le voilà nommé skipper du bateau chinois Dong-feng Race Team pour couvrir la Volvo Ocean Race 2014-2015 (3e place) et celle de 2017-2018, qu'il remporte. Élu marin de l'année en 2018, son aventure au sein de l'équipe Gitana, écurie de course océanique d'Ariane et Benjamin de Rothschild, va définitivement le lancer sur l'orbite de ses rêves. En 2019, il rejoint sa nouvelle équipe dont fait partie Franck Cammas, son ami et mentor, et avec qui il co-skippe le *Maxi Edmond de Rothschild*, pionnier d'une nouvelle génération de trimarans high-tech. *Gitana 17*, son nom de baptême, est un bateau révolutionnaire : 32 mètres de long pour 23 mètres de large, l'Ultim possède des foils conçus pour permettre au bateau de « voler ». Une première pour un trimaran de cette taille, le bateau ne semble d'ailleurs plus toucher l'eau… un comble pour un marin. Précurseur d'une nouvelle génération de géants des mers, il devient rapidement une référence dans le milieu de la voile. Une nouvelle ère s'amorce pour les trimarans de course et le skipper va rentrer de plain-pied dans son histoire. En 2022, son coéquipier Franck Cammas lui en laisse les clefs pour la Route du Rhum. À 47 ans, il remporte la course en classe Ultim et signe le record absolu de la traversée en 6 jours, 19 heures et 47 minutes, améliorant le record de Francis Joyon de 24 heures. Dans l'optique des grandes courses en solitaire, il devient le skipper principal de l'Ultim *Gitana 17*.

Enfin seul

Tonnerre de Brest ! Le choc aura bien lieu ici. Le 7 janvier 2024, ils sont six Bretons, six solitaires, six pionniers au départ de l'Arkea Ultim Challenge, grande course autour du monde réservée aux maxi-trimarans de la Class Ultim. Thomas Coville, l'un des marins hors norme de cette compétition, est le seul des six concurrents à avoir déjà bouclé un tour du monde en solitaire en multicoque. L'ambiance est un peu tendue sur les pontons, ces bateaux hauts comme des immeubles de 12 étages ont-ils assez de fiabilité pour effectuer un tour du monde ? Lancé à 40 nœuds dans les mers du Sud pavées d'icebergs, le défi semble plus qu'acrobatique. Les maxi trimarans subissent des efforts colossaux, la

À gauche : Charles Caudrelier, 1er vainqueur de l'Arkea Ultim Challenge, premier tour du monde en solitaire sur des multicoques géants dits « volants ».

En haut : Seule une dizaine de bateaux dans le monde répondent à la règle de la classe Ultim. La vitesse maximum de l'Ultim *Edmond de Rothschild* est de 50 nœuds, soit 92 km/h.

Charles Caudrelier à la manœuvre
sur son *Maxi Edmond de Rothschild*.

EDMOND
DE ROTHSCHILD
EDMOND
DE ROTHSCHILD

En haut : L'écurie de course au large Gitana, basée à Lorient et propriété de la famille Rothschild, a annoncé la construction d'un nouvel Ultim, *Gitana 18*, pour succéder à la bête de course de Charles Caudrelier.

Ci-dessus : Dessiné par l'architecte Guillaume Verdier en collaboration avec le bureau d'études Gitana, le *Maxi Edmond de Rothschild* est le premier maxi-multicoque de course au large conçu pour voler en haute mer.

À droite : Caudrelier a tout gagné ou presque, à commencer par la Solitaire du Figaro en 2004 puis la Transat Jacques-Vabre, la Volvo Ocean Race, la Fasnet, la Route du Rhum et enfin l'Arkea Ultim Challenge.

En bas : Charles Caudrelier, skipper du team Gitana, remporte avec l'Ultim *Maxi Edmond de Rothschild* la 12e édition de la Route du Rhum en 2022.

vitesse engendre d'immenses contraintes et le skipper à la barre de ces géants doit tout maîtriser, une seule erreur peut engendrer un chavirage catastrophique. Mais Charles Caudrelier compte sur sa pratique de l'apnée pour gérer son stress, reconnaître quand la mer est plus forte ou le corps à bout. Le skipper doit aussi faire face à un niveau sonore infernal en mer entre le craquement du bateau et le vent hurlant dans les foils, un vacarme permanent pouvant atteindre les 100 décibels. Le jour du départ, le fan de Jacques Mayol retient son souffle. Habitué aux tours du monde en équipage, c'est la première fois qu'il s'élance seul autour de la planète et, de surcroît, sur un Ultim. Une vingtaine de personnes à terre suivent 24/7 sa progression. Pendant les premières semaines, il garde à distance les meilleurs marins en solitaire de sa génération, le jeune Tom Laperche aux commandes du bateau dernier cri de l'écurie de François Gabart, Thomas Coville à l'assaut de son neuvième tour du monde ou encore Armel Le Cléac'h, compétiteur acharné surnommé Le Chacal. Après 50 jours en mer à barrer, mouliner et actionner les winchs sur ce géant de course, l'inoxydable leader de la course passe le premier la ligne d'arrivée, le lendemain de ses 50 ans. Beau cadeau pour celui qui devient le premier solitaire de l'histoire à boucler un tour du monde en Ultim. Après avoir remercié son équipe, il se tourne vers son trimaran : « Je le connais par cœur. Ce bateau est dingue, c'est une légende ! ».

Un quatuor d'exception

En 2024, seuls onze marins sont parvenus à boucler un tour du monde en multicoque en solitaire, dont Charles Caudrelier. À titre de comparaison, seuls douze astronautes ont marché sur la Lune. Mais les tours du monde à bord d'un trimaran en solitaire sans escale se comptent sur les doigts d'une main tant l'exercice est complexe et périlleux. À ce jour, seuls 4 marins dans le monde ont réussi cet exploit : Francis Joyon, Ellen Mac Arthur, Thomas Coville et François Gabart. Depuis 2019, le marin le plus rapide en solitaire autour du globe – record détenu actuellement par François Gabart sur *Macif* en 42 jours – se voit remettre le Trophée Antoine de Saint-Exupéry. Un clin d'œil élégant à ce pionnier de l'aviation dont l'esprit plane désormais à jamais au-dessus de ces bateaux volants. Sur le trophée, une phrase extraite du livre *Terre des Hommes* y est gravée : « L'Homme se découvre quand il se mesure avec l'obstacle ».

GITANA
CHAMPAGNE DEVAUX

Glossaire

Au près/au portant

Le près regroupe toutes les allures pour lesquelles le nez du voilier remonte dans le lit du vent, c'est-à-dire dans la direction d'où souffle le vent. Elle regroupe le vent debout, le près serré, le près, le bon plein et le petit largue. En opposition, le portant correspond aux allures pour lesquelles le vent vient de l'arrière du bateau et regroupe le largue, le grand largue et le vent-arrière. Entre les deux, on navigue au travers, c'est-à-dire à 90° par rapport au vent.

Bizuth

Dans le milieu nautique, désigne un marin qui participe pour la toute première fois à une course. Si ce dernier termine 10e du classement général mais 1er parmi cette classe, on dit alors qu'il est premier bizuth.

BOC Challenge

Cinq océans, 30 000 milles et cinq escales, elle est historiquement la plus longue des courses autour du monde à la voile. Réservée aux monocoques, elle s'est déroulée tous les quatre ans de 1982 à 2011 et fut rebaptisée Around Alone puis La Velux 5 Oceans Race. La concurrence de courses comme le Vendée Globe ou la Route du Rhum signe son arrêt définitif en 2011.

Catamaran

Bateau à deux coques.

Class 40

Voilier monocoque hauturier de course et de croisière, officialisée en 2005, dont la longueur est de 40 pieds soit 12,19 mètres.

Coupe de l'America (America's Cup)

Créée en 1851 de la conflictualité entre Anglais et Américains, la Coupe de l'America est la plus ancienne compétition sportive de l'histoire et tire son nom de la goélette America, première gagnante de la régate. Disputée par les meilleurs régatiers au monde, cette prestigieuse compétition rassemble les « Formules 1 » des mers et sa coupe, plus vieux trophée sportif au monde, se dispute tous les quatre ans environ. Durant cette course, le Defender, c'est-à-dire le détenteur de la coupe, remet son titre en jeu face à des challengers. Il peut définir le protocole de la prochaine édition, à savoir le lieu, la date, les bases et les règles de participation.

À gauche : Sir Francis Chichester est à la proue de son Gipsy Moth IV.

Fastnet Race

Créée en 1925, cette course de navigation en équipage et sans escale se dispute sur 600 milles (960 km) tous les deux ans et relie l'île de Wight à Plymouth en Angleterre via un crochet par le mythique Fastnet Rock, petit îlot situé au sud-ouest de l'Irlande. La Fastnet est considérée comme l'une des courses les plus difficiles au monde et exige d'excellents choix stratégiques de la part des marins en raison des courants et des conditions météo souvent changeantes. En 1979, pas moins de quinze marins y ont laissé leur vie à la suite d'une tempête meurtrière.

Foils ou plans porteurs

Appendices, en forme d'ailerons ou de moustaches, qui permettent de diminuer la résistance à l'eau et de soulever le bateau lorsqu'il prend de la vitesse. Véritables turbos nautiques, elle lui permet de passer de l'archimédien au vol, d'où l'expression de bateaux à foils dit « volants ».

Global Challenge

Tour du monde à l'envers, c'est-à-dire d'est en ouest, contre les vents dominants, en solitaire et sans escale. Le parcours doit compter au minimum 21 600 milles et doit inclure la descente de l'Atlantique, le passage du cap Horn, du cap Leeuwin, du cap de Bonne-Espérance et la remontée de l'Atlantique. Le record est détenu par le navigateur français Jean-Luc Van Den Heede depuis 2004 en 122 jours.

Golden Globe Race

Tour du monde « rétro » par les trois caps sans escale, sans communication et uniquement en se dirigeant au sextant et à la boussole. Les concurrents doivent naviguer sur des bateaux de 32 à 36 pieds conçus avant 1988. La course, organisée une seule fois en 1968 sous le nom de Golden Globe Challenge, a été relancée en 2018 et se tient tous les quatre ans.

Global Solo Challenge

Créé en 2023, ce tour du monde par les trois caps s'adresse aux skippers amateurs.

Golden Globe Challenge

Organisée par le journal *The Sunday Times* en 1968, elle est la première course en solitaire autour du monde par les trois caps sans escale. Des neuf concurrents engagés, seul le Britannique Robin Knox-Johnston franchira la ligne d'arrivée après 313 jours de mer sur Suhaili, son voilier de 10 mètres. Le navigateur français Bernard Moitessier préféra abandonner la compétition alors qu'il faisait la course en tête pour faire route vers Tahiti et un marin britannique se suicida. Il n'y eut pas de seconde édition.

PIERRE 1ER

Florence Arthaud et son *Pierre 1er* vont marquer profondément l'histoire de la course au large.

Imoca (International Monohull Open Class Association)

Voiliers monocoques de 60 pieds, soit 18,28 mètres, principalement destinés aux courses océaniques en solitaire telles que le Vendée Globe.

Mille marin

Unité de mesure de longueur utilisée en navigation maritime et aérienne, égale par convention à 1 852 mètres. 10 000 km/1852 = 5 400 milles marins ou 5 400 milles x 1,852 = 10 000 km.

Mini Transat

Transatlantique en solitaire, sans routage météo et sans moyens de communication modernes sur des voiliers monocoques de 6,50 mètres, dits classe Mini. Créée en 1977 pour mettre l'accent sur l'aventure humaine plutôt que sur la technologie, la traversée a lieu tous les deux ans (années impaires) en deux étapes au départ de la France métropolitaine avec une escale aux îles Canaries ou à Madère, avant de rejoindre les Antilles. La Mini Transat est un passage quasi obligatoire chez les futurs grands noms de la voile.

MOD70 (Multi One Design)

Héritiers des trimarans de 60 pieds de la classe Orma, les MOD70 les remplacent depuis 2009.

Monocoque

Bateau qui ne possède qu'une seule coque, comme ceux du Vendée Globe.

Nœud

Unité de vitesse utilisée en navigation maritime et aérienne. Le nœud marin équivaut à 1,852 km/h, soit 1 mille par heure. Pour convertir des nœuds en km/h facilement, il suffit de multiplier le nombre de nœuds par 2 et soustraire 10 % au résultat obtenu. Pour convertir des km/h en nœuds, il suffit de diviser le nombre de km/h par 2 et d'ajouter 10 % au résultat obtenu. Les bateaux à voiles avancent généralement à une vitesse de 5 à 8 nœuds en fonction de la force du vent, les maxi trimarans peuvent, quant à eux, naviguer à une moyenne de 40 nœuds.

OFNI

Désigne un Objet flottant non identifié : déchets, bouts de bois, containers perdus, cétacés, etc. Ils sont le cauchemar des skippers.

Orma (Ocean Racing Multihull Association)

Trimarans de course au large de 60 pieds (18,28 mètres), composés d'une coque centrale et de deux flotteurs. Anciennes gloires du large avant la classe Ultim, ils sont remplacés depuis 2009 par une classe de trimaran dont la jauge est aujourd'hui allongée à 70 pieds, les MOD70 (Multi One Design).

Pôle Finistère de Course au large

Centre d'entraînement et de formation professionnelle où se forgent marins et bateaux d'exception à Port-la-Forêt, dans le Finistère.

Pied

Unité anglaise de longueur, couramment utilisée pour indiquer les dimensions d'un bateau (abréviations « ft », de l'anglais foot qui veut dire pied). Cette unité de longueur correspond à la longueur d'un pied humain, soit environ 30 cm. Pour vous aider, il suffit de diviser par 3 la longueur en pieds pour avoir une longueur approximative en mètre. Si Charles vous dit posséder un bateau de 25 pieds, cela veut dire qu'il fait environ 8 m.

Quille

Partie sous le bateau qui sert de contrepoids. Elle empêche au bateau de se retourner sous l'effet du vent.

Retour à la base (anciennement Transat B to B)

Course transatlantique en solitaire pour les monocoques de classe 60 pieds Imoca sur une distance de 3 500 milles à 4 200 milles. Il s'agit d'une course retour pour les concurrents de la Transat Jacques-Vabre, également qualificative pour le Vendée Globe.

Route du Rhum

Reine des courses transatlantiques en solitaire, cette traversée relie la ville de Saint-Malo en Bretagne à Pointe-à-Pitre en Guadeloupe. Créée en 1978, cette course se déroule tous les quatre ans et part sur les traces des anciens bateaux marchands. Le record actuel est détenu depuis 2022 par Charles Caudrelier sur le *Maxi Edmond de Rothschild* en 6 jours, 19 heures et 47 minutes.

Safran

Partie immergée et pivotante du gouvernail permettant d'orienter le bateau.

Sextant

Appareil de navigation qui permet de mesurer l'angle entre l'horizon et un astre (soleil, lune ou étoile) et de calculer sa position. Le navigateur doit impérativement posséder une table astronomique et une horloge précise pour interpréter ces résultats. En cas de mauvais temps, le sextant n'est pas utilisable.

À droite : Alain Colas, est à bord du *Club Méditerranée*, le voilier de course le plus grand jamais construit, pendant l'Ostar race en 1976.

France inter
info

Bruno Peyron à l'assaut du Trophée Jules-Verne
sur son *Commodore Explorer* en 1993.

F 11
FUJ
FUJICOLOR II

Solitaire du Figaro

Créée en 1970, cette course en solitaire se dispute principalement en Atlantique et en Manche, entre la France, les îles britanniques et l'Espagne. La course compte trois ou quatre étapes marathons couvrant un total de 2000 milles en moyenne. Cette course de rapidité se déroule sur une seule classe de bateau, le Figaro Bénéteau 3, un bateau de 9,75 mètres de long et 3,40 mètres de large. Épreuve majeure du calendrier de la course au large, et considérée très technique, elle est un passage obligé pour les skippers professionnels.

Transat Jacques-Vabre

Surnommée la Route du café, cette course transatlantique en double est organisée tous les deux ans depuis 1993. La régate rallie la France (Le Havre) à l'Amérique du Sud et prépare généralement les skippers au Vendée Globe.

Trimaran

Bateau à trois coques.

Trophée Jules-Verne

Lancé en 1992 par Titouan Lamazou et Florence Arthaud, ce trophée récompense le tour du monde en équipage le plus rapide à la voile avec pour point de départ et d'arrivée une ligne imaginaire entre le cap Lizard et l'île d'Ouessant. Le trophée, qui a la particularité d'être une œuvre d'art, est uniquement transmis en cas de nouveau record. Il est actuellement détenu par l'équipage de Francis Joyon en 40 jours, 23 heures et 30 minutes, temps établi en 2017. Contrairement au Vendée Globe, il n'existe aucune zone d'exclusion, ni de dates de départ ou de jauge pour les bateaux.

Trophée Saint-Exupéry

Lancé en 2016, ce trophée récompense le tour du monde le plus rapide à la voile en solitaire avec pour point de départ une ligne imaginaire au large du goulet de Brest. Le record est actuellement détenu par François Gabart sur son *Ultim Macif* en 42 jours, 16 heures et 40 minutes.

Vendée Globe

Course en solitaire autour du monde en solitaire sans escale et sans assistance. Elle se court exclusivement sur des monocoques de 60 pieds maximum (18,28 mètres). Les skippers doivent réaliser un tour du monde de 24000 milles (45000 km) en passant par le cap Horn, le cap Leeuwin et le cap de Bonne-Espérance. Organisée tous les quatre ans depuis 1989 au départ/arrivée des Sables-d'Olonne en Vendée, cette course réunit les meilleurs skippers du monde et comporte une zone d'exclusion. Le record actuel est détenu par Armel Le Cléac'h en 74 jours, 3 heures et 35 minutes.

The Ocean Race (anciennement Whitbread et Volvo Ocean Race)

Course à la voile autour du monde en équipage, par étapes et longue de 32000 milles (8000 de plus qu'un Vendée Globe). Initialement organisé tous les quatre ans depuis 1973, ce marathon océanique a lieu tous les trois ans depuis l'édition 2008-2009. Marathon océanique extrême, elle est réservée aux monocoques et est réputée pour sa difficulté. Si son départ se fait constamment d'Alicante, l'arrivée change à chaque édition.

Ultim

Classe née en 2018, elle représente des multicoques de courses dont la largeur est limitée à 23 mètres et la longueur à 32 mètres, d'où l'appellation « Ultim 32/23 ». Capables de « voler » au-dessus de l'eau à des moyennes de 40 nœuds, soit plus de 75 km/h, ces bateaux comptent parmi les plus grands du monde et sont conçus pour battre des records. Ces « F1 » des mers sont généralement équipés de foils.

Zone d'exclusion

Pour rester accessibles aux secours et limiter le risque de casses et de collisions avec des icebergs, les organisateurs de certaines courses établissent une zone interdite à la navigation qui fait le tour de l'Antarctique. Pour le Vendée Globe, ce cordon de sécurité virtuel est relié par 72 points GPS qui varient entre 43° et 59°, séparés de 5° chacun.

À gauche : Loïc Peyron est au départ de la course Québec-Saint Malo en 1992 sur son *Fujicolor*.

IDEC
SPORT
IDEC SPORT
17

Francis Joyon et *IDEC* détiennent toujours
le record absolu du tour du monde en 40 jours.